换位

Huanwei

思考

Sikao

王 剑 著

北方文艺出版社

图书在版编目（CIP）数据

换位思考 / 王剑著 . -- 哈尔滨：北方文艺出版社，
2021.4
ISBN 978-7-5317-4776-5

Ⅰ . ①换… Ⅱ . ①王… Ⅲ . ①人生哲学 – 通俗读物
Ⅳ . ① B821–49

中国版本图书馆 CIP 数据核字（2020）第 250744 号

换位思考
Huanwei Sikao

作　者 / 王　剑
责任编辑 / 路　嵩　　　　　　　　　　封面设计 / 天下书装

出版发行 / 北方文艺出版社　　　　　　邮　编 / 150008
发行电话 /（0451）86825533　　　　　经　销 / 新华书店
地　址 / 哈尔滨市南岗区宣庆小区 1 号楼　网　址 / www.bfwy.com

印　刷 / 三河市人民印务有限公司　　　开　本 / 880mm×1230mm　1/32
字　数 / 150 千　　　　　　　　　　　印　张 / 9.75
版　次 / 2021 年 4 月第 1 版　　　　　印　次 / 2021 年 4 月第 1 次印刷

书　号 / ISBN 978-7-5317-4776-5　　　定　价 / 45.00 元

目 录
CONTENTS

第一章

真正的教养是处处懂得为他人着想

第二章

有一种善良叫尊重，请照顾弱者的自尊

第三章

考虑听者的感受，给逆耳的话裹上"糖衣"

第四章

对不喜欢的人和事，换个角度获得全新视角

第五章

换个位置，被劝说者就不会"拒绝"你

第六章

不受重用？因为你不懂用老板的思维做事

第七章

爱是体谅，别打着爱的名义给对方不想要的

第八章

和你一样，别人也想结交比自己优秀的人

第九章

面对矛盾冲突，尝试理解对方的情绪

第十章

放下偏执，训练换位思考的能力

真正的教养是
处处懂得为他人着想

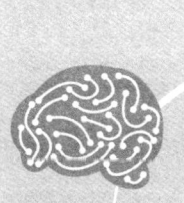

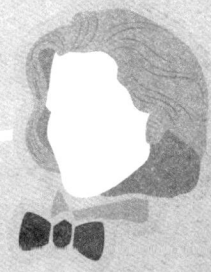

1.别人的人生你没经历过，不要轻易评价

你能经历的只是你自己的人生，所以请不要对别人的人生妄下论断。庄子曰："子非鱼，焉知鱼之乐？"同样，你不是对方，为什么又要按照自己的想法去揣度甚至过分地评价对方呢？

比如，在大马路上看到一男一女在拉拉扯扯，明明不认识却立马说："这两个人肯定是因为感情问题在争吵。"结果引来别人的指指点点。又比如，有的人只是性格内向，而我们却仅凭着几面之缘便说人家为人冷漠又高傲，导致自己人缘很差……

殊不知，生活中有很多事情就如同冰山一角，你往往只看到了水上的十分之一，却忽略了水下的十分之九。只知十中一二分，而不知剩下的八九分，便以己度人，对别人妄加评论。

李峰创业五年，公司终于盈利了，而此时他却将公司转卖了出去，去另一家公司应聘主管，工资比之前少了好多。

李峰的好朋友钱林知道后，带着一副恨其不争的样子对李峰说："好好的老板不当，非要累死去给别人打工，看别人的脸色。"

听后，李峰便说起创业的艰辛，每天起得比鸡早，睡得比狗晚，早上想偷个懒，但一想到还有十几个人的薪水要开，还有各种成本，就得赶紧爬起来。虽然赚钱了，但是没时间陪妻儿，而且压力越来越大，身体越来越差……

听李峰这一通解释后，钱林便嘲笑道："当老板多好呀，手下有那么多人可以指挥，坐在那儿发号施令就行了。你呀，就是矫情，真是饱汉子不知饿汉子饥。你现在要去看别人的脸色了，不久之后肯定会后悔……"

钱林巴拉巴拉说了一堆，丝毫不看李峰越来越暗沉的脸色。本来李峰想和朋友分享一下赚钱的心得，可看到钱林指手画脚的样子之后，瞬间连说话的欲望都没有了。

生活中就存在一群这样的人，不分年龄大小，阅历如何，却总有一颗无事不操的心。遇到妈妈就说，你孩子学习不好将来可怎么办？遇到妻子就说，你要小心你老公，如果他出轨了你怎么办？

不知人而随便评人，往往会给别人造成不必要的麻烦；知人后评人，有时候更是往别人痛处上踩。《论语》曰："如得其情，则哀矜而勿喜。"每个人的心中都会有一处小心翼翼护着的隐痛，而你明明了解情况，却大大咧咧地将别人的隐痛晒在阳光下，句句戳在别人的伤口上，只为了满足自己的"论断之心"，这种行为很让人唾弃。

林美就如她的名字一般，长得貌美如花，有份稳定的工作，有自己的房子，空闲时间喜欢看看书，听听音乐，做做运动，出去旅行，一个人过得充实又自由，因此并不着急找对象。

琦琦是林美的好朋友，因为自己有一个恩爱的男朋友，便觉得林美孤身一人甚是可怜。常常对林美说，女人的大好年华就这么几年，若是不把握住，恐怕就人生灰暗了。

林美说，我对现在的生活很满意。琦琦立马反驳，一个人有什么好的，生了病都没有人照顾，况且你现在已经不年轻了，还不赶紧找一个，以后可怎么办？如此这般，翻来覆去地说，导致林美不堪其扰。

后来琦琦更是过分，在朋友当中宣扬林美要嫁不出去了，长得漂亮有什么用？让朋友们张罗着为林美介绍对象，使得林美在朋友中很是尴尬。

王尔德在《英伦情人》中说过："过自己想要的生活不是自私，要求别人按照自己的意愿生活才是自私。"当你读懂这句话时你就会明白：不轻易评价别人的生活，是一种最好的教养。

然而，有时候我们却总认为只有自己是对的，别人都不可理喻，我这么做都是为了你好，若你不听，便是不识好人心，朋友都没得做了。可是你有没有想过：我们又不是别人生活的评委，有什么资格对别人的生活指手画脚呢？

还记得《乌合之众》里讲道："当一个人自己的事情没有处理的价值时，就会把注意力移向身边人。所以，好为人师者多是自我认同出现了问题，渴望获得对自身价值的肯定。"若是因为我们自己的事情没有了处理价值，便对别人的事情指手画脚，妄图将自己的价值观强加于别人则无疑是可耻的。

每个人都是一个独立的个体，多数时候你只知道这个人的名字，却不知这个人的故事。你自以为是对别人的褒奖，但对别人来说则可能是于伤害。所以，无论你对别人的情况清楚与否，对别人了解与否，都不要轻而易举地妄下论断，以免打扰到别人的生活。不随便评价别人，是我们做人的基本素养。

2. 如果你总想当主角，那么谁愿意当配角呢

于丹说过："人生如戏，别老想当主角。因为，潜规则里灵魂和肉体都得不到安息。"确实，如果你总是当主角，谁愿意当配角呢？

然而生活中总有人喜欢充当那永久不衰的"主角。"时时刻刻都把自己放在第一位，永远都想遮掩别人的光芒来衬托自己，不给任何人机会。

刘倩是一位很喜欢出风头的女生。有一次，朋友们约好一

起出去玩，天好风景美，大家都玩得很开心。于是有人提议说，不如来合张影留个纪念吧。就是这一提议，发生了问题。原来刘倩坚持要站在中间，说什么自己上相。朋友们表面没有说什么，但是大家心中都不开心。而刘倩还在那里兴高采烈地说："都站在那里做什么，快靠过来照相呀。"

其中一个朋友实在忍耐不住，不高兴地说："哎呀，要不你一个人照得了，反正我们都是你的'陪衬'。"刘倩听了，感觉非常的不好意思。

其实，每个人的内心都会有强烈的表现欲望，就好比同学聚会，大家都来说说有趣的事情，你口才好，讲了一个又一个。别人想到什么好笑的事情，正要开口，你却滔滔不绝，丝毫不给别人机会。一场聚会下来，只有你一个人的说话声，别人变成了专门听你讲话的陪衬，而你还在为自己的口才洋洋得意，不管别人心里好不好受，结果聚会不欢而散。犹记得戴尔·卡耐基在《人性的弱点》中写到，"最善于言谈者就是最善于倾听的人，通过与他们链接，它赐予你改变他人的力量。"生活中并不一定是你在扮演诉说的角色，有时候倾听更重要。

同事嗓子发炎去医院，医生说必须禁声一个周，要不然嗓子会继续恶化。回到家，碰到刚刚放学的儿子，一进门将书包狠狠地摔向沙发，大声嚷嚷："我讨厌学校，讨厌老师。我再也不要去了。"

若是平时听到儿子这么说，同事定要严厉地训斥他。但是，因为医生的嘱咐，同事不能说话，只能沉默地看着儿子。

儿子气愤地趴在同事的膝盖上，伤心地一边大哭一边说道："妈妈，今天老师让我起来回答问题，我没有答出来，老师说我上课不认真听讲这么简单的问题都回答不出来，就连同学们都嘲笑我，真是太丢人了。"

同事不能说话，只好搂着哭得伤心的儿子，沉默地安慰着。过了一会儿，儿子从同事的怀里站起来平静地说："妈妈，我要去外面了，同学们还等着我呢。谢谢您不但没有骂我，还听我说这些事。"

不只是孩子，一个人在伤心的时候，高兴的时候，沮丧的时候，愤怒的时候，需要的往往不是别人的教训，而是安静地倾听。

同时，倾听的时候一定要注意方式方法，端正态度，别去敷衍了事。

首先，倾听的时候要注意你的面部表情，眼睛要关注对方，若是明白了对方的意思，点头给对方一个回应，鼓励对方继续。在听到轻松的话题时，可保持微笑并且轻声回应，例如："是的，好的，明白……"

其次，倾听的时候一定要注意你的肢体语言，最好是面向对方而坐，身体不要有交叉，因为这在肢体语言中是"防御姿势"，代表着拒绝，回避的意思。比如抱胸，跷二郎腿等，还有身体后仰，会给人高傲，心不在焉的感觉，研究证明这样的肢体语言接受的信息量非常有限。

最后，倾听的过程当中不要打断别人的讲话，这个非常重要。尤其是，在一句话没有说完之前，不要急于表达自己的想法及观点。若是没有听清楚，可以抬手示意下，请对方重新表述一下刚刚的谈话内容。而如果是工作内容，最好能够随手做记录。

一个善于倾听的人，在与人的相处中往往会给人春风拂面的舒适感，而且学会倾听也会为我们换位思考打下一个良好的基础。因为很多时候一个人的喜好都会通过平时的沟通表露出来，不过我们都会忽视掉，若是不了解一个人，如何设身处地地利用他的思维思考问题？

3. 别人正在说话时，不随便打断

培根曾言："打断别人，乱插话的人，甚至比发言冗长者更令人生厌。"轻易打断别人说话，是一种极其不礼貌的行为。

李玟和姜娜是朋友，后来却渐渐不说话了。有人问李玟原因，李玟说，在和姜娜说话时，姜娜总是喜欢打断她。

有一次，两个人看完电影，出来之后交换电影的观后感，李玟很喜欢这部电影，正说得兴奋，姜娜习惯性地打断了李玟的话，然后说这部电影哪里哪里不好看，列举了各种理由来贬低这部电影。

　　李玟听了很不高兴，认为姜娜这种打断她说话的行为，是不尊重她的表现，尤其是对方还是在贬低她喜欢的东西。

　　后来，李玟便减少了和姜娜的接触，两个人渐行渐远。

　　有一些不懂礼貌的人总是喜欢在别人津津有味地谈着某件事情时，冷不防地杀出来，泼你冷水，让你猝不及防。比如你正在兴致勃勃地讲一件事情，听者也甚感兴趣。这时，有人站出来突然插嘴，"喂，这不是你昨天才看到的事情吗？"你讲话的热情瞬间被熄灭，而对于那个插嘴打断你的人，你还会有好感吗？

　　更可怕是的有一些人喜欢在职场上卖弄自己的聪明，上司正在讲话，为了显示自己的与众不同，中途插嘴表示意见，"经理，我觉得您说的不对，应该这样……"上司绝对不对因为你勇于提意见而赞扬你，只会认为你为人轻率而且藐视上司，若是性格暴躁的上司，恐怕当场便会斥责你闭嘴。

　　有时候随便插话，甚至会给别人造成重大损失。比方说，你的朋友是一个老板。正在外面与客户谈生意，恰巧你经过，和老板打了个招呼便坐下攀谈了起来，说刚刚经过哪儿哪儿，发生了一件特别好玩的事情，巴拉巴拉……一堆鸡毛蒜皮的小事儿，说得津津有味。客户见谈生意的节奏被打乱了，就对老板说："既然你朋友找你有事情，那我们的生意改天再谈吧。"说完，客户站起来就走了。因为你的乱插话，让你的朋友损失了一笔大生意。如果换作你是这个老板，是不是很恼火？

　　没有人喜欢自己的话被打断，认真地听别人把话说完，这时给予别人最基本的尊重。即使这件事情你已经听过一次了。

祁源和公司的几个同事聚在一起聊天。祁源正好想起了一个很有意思的事情，便和大家说起。祁源讲的时候，同事微笑地听着。等到祁源讲完之后，一位女同事才很有礼貌地说道："这件事情我以前也听说过。"

祁源心中很是感动，因为同事以前听过这个事情，却仍有耐心继续听她再讲一遍，从而感受到能耐心地听完别人讲话，对对方真的是一种很好的尊重态度。

当你静下心来，耐心地把话听完，才能听清楚对方在讲什么，对方想要表达的是什么。

别人正说得高兴，你也想参与其中，那么你必须要注意说话的技巧。

首先，若是有紧急的事情要找其中的一个人处理的时候，在打断别人谈话之前请先打个招呼，说一句"对不起，能打断你们一卜吗？"然后迅速将自己的来意用简洁的语言说清楚，处理完事情立马离开。

其次，若是你想参与他们的谈话，则可以在他们谈话的空窗期，找个机会礼貌地询问下："对不起，可以让我加入你们的谈话吗？"自然大方，不要扭扭捏捏地不经过别人的同意便站在旁边，会让人以为你是在偷听。

最后，在谈话的时候，若是想补充自己的观点，可以在对方一句话说完后，礼貌地对他说："不好意思，请容我插一句。"若是你不同意对方的看法，也不要粗鲁地打断人家，等待对方说完之后再补充你的观点。记住，最重要的是，不管分歧有多大，千万不能口出恶语或者出言不逊伤害别人。

4. 别人可以自嘲，但你千万不要附和

那天临窗欣赏风景时，听到这样一段对话："如果我和你说我长胖了，你千万不要点头赞同我说的话。你一定要反驳说，没有呀，哪里长胖了，这样刚刚好。就算我说，哎呀，我是真的胖了。你也要坚持继续说，没有，你真的没胖。"

别人自嘲的时候，有时候并不是想要你的随声附和。因为一个人脸上带着笑，不代表他是真的心情好。而一个人幽默自嘲，也不代表他是真的自信，这个时候他想得到的是你的反驳。

每逢佳节胖三斤，新年回来，同事们正在聚在一起说过年发生的好玩的事情。同事小芸一边兴高采烈地说回到家乡吃了哪些美味的食物，一边苦恼地捏着自己胖了一圈的小腹说："过年什么都好，就是吃了太多好吃的，长胖了，真是不开心。"

同事 A 说："没有啊，哪儿有长胖，还是小蛮腰呢。"

同事 B 接着附和："没错，过年到处走亲戚，累都累死了，

哪儿还能长肉呀，你分明瘦了很多。"

……

同事们你一言我一语地将小芸说得心花怒放，因为之前管不住嘴多吃美食的负罪感顿时烟消云散。

谁知道，这时候正好经过一位男同事听到小芸说自己长胖了的话，不明状况，便附和道："没错，你的脸是圆了些，腰也粗了，不过这样看着更有福气了。再说了过年回家都是大鱼大肉地吃，不长胖才怪……"

说得小芸立马变了脸色，气鼓鼓地说道："关你什么事？"上一秒还心花怒放的小芸，一下子被男同事的话惹生气了。

男同事也被怼得很尴尬，他只是顺着小芸的话说的，怎么小芸就生气了呢？

像小芸的这种自嘲，典型就是一种不自信的表现，她希望通过别人的反驳来达到安慰自己的目的。

其实在很多时候，自嘲反而是一种降低期待的试探，它的目的不是为了彰显说话之人的聪明幽默，而是用来掩饰内心的焦虑不安。他们主动调侃自己，是为了降低心中的期待，想要通过别人的否定来缓解情绪的焦虑。一旦别人真的质疑，他们一直小心翼翼维护的自尊，便会顷刻之间被瓦解。

比如，你有一个男性朋友长得有些瘦弱，有人问他怎么还不找女朋友，他笑着说道："我要练出一身的肌肉，再找女朋友。"这其实就是他对自己身材的不自信，这个时候他需要的是你的反驳安慰。此时，你附和他的话接着说道："没错，就你长得这么弱鸡的样子，一点儿安全感都没有，肯定没有女生会喜欢你。"这不是幽默，而是在别人的伤口上撒盐，会让对方很反感，觉得你这个人情商可真低，一点都不懂得怎样和人沟通。

一般而言，当一个人拿着黑、丑、胖、穷等自己的缺点自嘲的时候，我们应该立马认识到对方的自我保护机制已开启，他们的言外之意是"快来反驳我"。此时，如果你送上一句积极的话，比如"哪儿有呀，你看起来真的很好"，"不要对自己太苛求，在我看来你已经很好了"……这样的话势必会让对方很感动。

另外，自嘲有时候还是一种自谦的表现。行走在职场当中，能够自嘲的，大部分都是有实力的人。老话常说"木秀于林，风必摧之"，他们自嘲，不过是自谦的保护色。若是取得一项成就，他们从来不会过分渲染个人能力，往往更强调团队协作。这样既得到了大家对他工作能力的认可，又能被他的高情商所折服。

梁凯是一家公司的老板，为人仗义，而且能够想客户之所想，所以生意越做越大。有一次同学聚会，大家都羡慕梁凯的身家，纷纷向梁凯请教是如何将生意做得这么大的。梁凯笑了一声说道："这都是运气，开始的时候一笔生意都没有谈成，公司都要面临倒闭了，刚好以前的一个朋友有一笔生意照顾我，所以公司才会起死回生。之后有了名气，就越做越顺了。"

大家哦了一声，原来梁凯生意能够做这么大还是运气居多呀。之后便纷纷感叹，怎么自己就没有这样的运气，哪怕不是开一个大公司，只是开一个小餐饮店，也是自己当老板，不用天天看人脸色，辛辛苦苦还赚不到钱了。

只有林晓知道，梁凯这话不过是自谦罢了，如果没有实力，只靠运气的话那岂不是人人都能成老板？林晓便找个机会走到梁凯身边敬了他一杯说："梁哥，刚刚你真是太谦虚了，你这么厉害哪儿是光靠运气的，有机会也指点指点小弟。"

当你行走在成人的世界中，你永远不知道别人自嘲的时候，是真傻还是假傻。而你能做的便是少说多看多听，时时刻刻带着情商和智商。

5. 适当回避别人的难堪，必要时给个台阶下

前几天上班的时候，刚到公司门口便看到经理将手中的策划案气势汹汹地扔到安琪的桌子上，"写了一个星期你就写出这么个东西？"另一个同事一看苗头不对，赶紧装作有事情往外走。因为他不想安琪挨批的时候，还有另外一个人在场。

一个人在经历难堪的时候，你站在旁边，即使你陪着他感同身受，他也不会感激你，只会让你们以后的相处存在阴影。

没有人希望自己不光彩的一面被很多人看到。如果换作是

你遭受了批评，本来不觉得难受，但正好被旁人看到了，你会不会觉得难堪被放大了无数倍。

公司里有一个漂亮的女职员特别喜欢穿裙子，再配上一双高跟鞋，显得她的身材凹凸有致，走起路来摇曳生姿，很多男同事都在追求她。一天，女职员刚刚外出办事回来，走廊里面不知道被谁洒上了水，女职员的高跟鞋一滑摔倒了。

刚好经过一个对女职员非常有好感的男同事，看到女职员摔倒了，赶忙上前将她扶起来，嘴里还嚷嚷着："哎呀，你的衣服都沾上水了，赶紧去擦擦吧。"声音之大瞬间引来了好几个同事的围观。

女职员扯着自己的湿掉的裙子感受着旁人的日光，羞得脸都红了。狠狠地瞪了男同事一眼，狼狈不堪地跑走了。至此之后，她再也没有和这个男同事说过一句话。

男同事很是不解，不知道自己哪里得罪了这位女职员，自己当时不是想帮她吗？

一个人在遭遇难堪的时候，需要的不是别人的安慰和帮助。你只需要轻轻地走开，给彼此之间留有余地。当你看到别人的难堪而不懂得回避的时候，并不代表你是真性情。恰恰相反，只会让人觉得你情商低。

电视剧《欢乐颂》赢得了观众的喜爱，而在《欢乐颂2》中有一个情节是，小包总的妈妈带着安迪去捉奸。当亲眼看见丈夫搂着别的女人亲热的时候，小包总的妈妈当场崩溃大哭。但是，安迪既没有去打抱不平也没有出声安慰，只是默默地坐在一边，让小包总的妈妈"体面"地哭完。当小包总的妈妈发泄完情绪，冷静下来之后，感动地对安迪说道："安迪，你真是一个有教养的孩子。"

有时候，无视也是一种关心。而高情商的人不仅会无视别人的难堪，必要的时候，甚至会牺牲自己的利益，送一个台阶给对方，帮助别人度过这个尴尬的局面。

教育局的人要对学校进行一次视察，王老师讲课一向精彩，校长决定让王老师来讲这节公开课。

公开课上，王老师着重讲了古诗的韵律和感情色彩问题。为了让教育局的人更加满意，在提问了两个同学都得到了良好的回答之后，他接着提问了教育局长的儿子："说一句形容友人之间感情深的诗句。"

这是一个很简单的问题，古往今来无数的文人墨客留下了这样的诗句。但是局长的儿子可能由于紧张却没有回答出来，只能傻站着。

教室里一下子陷入了尴尬，这不是让领导丢脸吗？瞬间，王老师便恢复了正常，随机应变地说道："好，你先坐下，同学们，他的回答很好。正所谓此处无声胜有声，感情之深是无法用苍白的文字来形容的。"

教室里面瞬间响起了热烈的掌声，这节公开课完美收尾。

王老师无视了局长儿子的难堪，并且巧妙地给了一个台阶，让局长儿子和来听公开课的领导顺利摆脱了尴尬。

生活中，当别人出现尴尬、难堪的时候，你围观，嘲笑对方，不仅是一种不礼貌的行为，更甚者是侮辱对方的人格。当别人经历难堪的时候，你自动回避，给他一个台阶，让他有时间和空间自我消化、修复，便是最好的回应。

6. 对伤心的人，说点你的惨事让他治愈一下

有一句流行语是"有什么不开心的事，说出来让大家开心一下"。换一个角度，你的朋友有了伤心的事情，可以说一点你的惨事让他治愈一下，这叫作共情。

神奇的是，科学家竟然还在人的大脑当中发现了一种"共情神经元"——镜像神经元。当我们看到别人伤心的时候，这些神经元便会被激活，能够让我们对对方的情绪感同身受，更清楚应该选择哪种方法去帮助对方。

而对于一个伤心的人，他来找你倾诉，本来就是想要向你寻求肯定和帮助。这个时候如果我们做到了共情，便达到了安慰的第一步。

小林早上起晚了，眼看就要迟到，匆匆忙忙地往公司跑去，不小心摔倒了，腿都磕流血了。到了公司，同事们看到小林流血的腿，纷纷表示安慰。

同事小月安慰说道："哎呀，这算什么，我前两天还看到

一个人坐着轮椅，腿都没有了呢。"

听到这里，小林本来因为有人关心变好的心情瞬间阴郁了下来，心想：你这是嫌我摔得不够惨，在诅咒我吗？

这时另一个同事阿辉接着说道："是呀，小林。我看你这伤过几天就好了，男子汉大丈夫别在意这点儿小伤。"

小林的心情更糟了，心想：受伤的不是你，说的倒是轻巧。

最后还是同事小方听不下去了，说道："你们这都说些什么呢？前段时间我腿磕青了一点都不想走路，小林的腿都磕破了，流了这么多血，肯定更难受。我那里有止血药，小林赶紧来处理下吧。"

小林这才心情变好，跟着小方去处理伤口去了。

安慰人并不是一味地让你去说一些更惨的事情，若是说的不当，很多时候会造成反效果。

比如，一个人今天被人骂了一顿，来和你诉苦。你却说，哎呀，有个人更惨，还被打了一顿呢。倾诉者瞬间就会想到，哦，你这是嫌我不够倒霉，一定要我被人打一顿才够惨啊。

又比方说，你的朋友被人羞辱了，向你诉说苦恼。你却说，你就是想太多了，说不定人家没有这个意思。倾诉者就想，你真是站着说话不腰疼，感情被羞辱的不是你。这小子不会是在嫌我烦，在敷衍我吧。瞬间你的信用便会在对方的心中降到最低点。

但是当你和倾诉者共情了，你说这件事情就是对方的错，先肯定了对方的委屈。然后说之前我遇到一个更不讲理的人，我就没有你有涵养，和对方大吵了一架。那对方的心情肯定立马就变得不一样了。

当然，安慰别人你光共情，卖惨还不够。最好的就是能够帮他想到一些解决办法，到时候他的伤心就会化解一些，也会觉得你这个朋友真是可靠。

安慰别人，是一门学问。通常有以下几步：

第一步，就是我们说的共情，表示你对对方感同身受了。一般的表达方式是"评价＋问句。"比如：这件事我也发生过，当时真是难受极了，你现在的感觉也很糟吧？

第二步，提供解决办法。必须是具体的，由你发起的。提供建议之前可以先说一句"你想听听我的建议吗？"对方同意之后，再提供一些行动上的支持。比如：对方失恋了，便说"我陪你逛街去吧，散散心"转移一下她的注意力。对方感冒了，便说，"多喝点水，我去给你倒一杯吧"等等。

第三步，便是陪着对方展望一下未来的美好生活。因为有了希望，为已经发生的事情伤心就显得没那么重要了。

比如：对方失恋了，便说，"你长得这么好看，我要是个男人都喜欢你，咱们多参加点儿活动，还怕交不到男朋友"；朋友正在加班找你抱怨工作辛苦，你便说，"我也加班呢，等着咱们将工作做完了，我去找你，一起去吃夜宵"等等。

7. 别人不希望你碰的痛处，请绕行！

俗话说"矮人面前莫说短话"，比如说：一个人的至亲去世，已经够伤心了，他的朋友却打着关心他的旗号，一个劲儿地追问他"现在心情怎么样？还会不会想起去世的亲人？"对于失去至亲的人来说，这样的关心体会不到一点儿温暖，只能提醒他想起亲人去世时那种痛苦的心情。

李峰长得高大英俊，在学校的时候是风云人物，喜欢他的人很多。李峰也谈了一场刻骨铭心的初恋。只是毕业之际，女友要回家乡，以不能接受异地恋的理由和李峰分手了。李峰为此痛苦了好长一段时间。后来工作之后遇到了性格温柔的方慧才走出了失恋的阴影。

一次同学聚会，李峰带了方慧一起去。大家说得兴起，谈起了大学时代学校里那些罗曼蒂克的爱情故事，便说起了李峰的初恋。李峰当时的脸色就变了，不安地看了一眼方慧，说道："都是过去的事情了，没什么好说的。"

大家看李峰脸色不对，都不接话了，只有王岩向来嘴快，说："这有什么，不过是活跃下气氛。"不顾李峰的阻止，开始眉飞色舞地讲起了李峰和初恋谈得如何轰轰烈烈，又如何在花前月下卿卿我我。

听到以前发生过的事情，李峰心中不禁想起了之前初恋的甜蜜和后来分手的痛苦。而李峰的女朋友方慧看着李峰越来越痛苦的神色，心中很不是味儿，最终站了起来拂袖而去。

第二天，便和李峰提出要分手。

和深爱的初恋分手，本就是李峰心中的不能触及的痛苦，王岩用李峰的伤心事来活跃气氛，每说的一句话便是在李峰的心上划下一道新的伤口。而且还在现女友方慧的面前提起过去李峰和初恋多么恩爱，无疑给李峰和方慧的爱情上划了一道裂痕。

朋友聚会本是轻松愉快联络感情的好事，却因为一个人的口下不留情，随便揭人伤疤，导致大家都不开心。

我们应该谨记：不管是同学聚会还是日常交往中，都应该谨言慎行，不要只顾逞口舌之快，无意中对别人造成伤害，说话之前记得给语言的刀子加一把刀鞘。

有些痛处我们嘴上说着不在意，但是心中还是会耿耿于怀。这是我们独自藏在心中深处的伤疤。即使它已经结了痂，但是一旦被人触及，便会迅速变成一个新伤口，痛至心扉。

所以，当别人有不希望你碰的痛处的时候，千万要压抑住你的好奇心，绕开它！不要没有眼色"哪壶不开提哪壶"，使劲儿在别人的痛处上撒盐，那样只会伤了别人的自尊，你也得不到一点儿好处，情节严重了人家心中也会怨恨你。

8. 分享荣耀的时候，要提到别人

曾国藩在"六戒"中曾云："利可共而不可独。"即是说，利益是每个人所追求的，如果有了利益只想一个人独占，那无异于引火烧身。

"独占发财难持久，分享致富越千秋"，话虽说得俗，却是一个真理。时时提醒着我们切不可见利忘义，在分享成功、荣耀的时候，也别忘了提一提别人。

销售最常见的便是以小组为团体的模式。在一家公司里，一位销售组长负责的项目这个月业绩突出，超出了别的小组两倍还多。按照公司规定的销售提成，组长能得到一笔丰厚的奖金。老板也很高兴自己的公司有这样一位得力助手，决定在公司的内部为组长开一个表彰会，将组长树立成榜样。并且让组长准备演讲，说一说他的业绩突出的秘诀，以此来激励其他员工努力工作。

在演讲中，组长将所有的功劳都归功于自己，始终没有提一句感谢同事的配合、努力之类的。

等到表彰会结束之后，同事们开玩笑要他请客庆贺一下，组长一脸不屑地说道："我拿的奖金，用得着你们来庆贺吗？等下次我拿更多的时候再说吧。"

然而等到下个月的时候，这个小组的业绩成为了公司最差的一个，组长不仅没拿到奖金，而且还因为工作任务没有完成，扣掉了一部分工资。更让人奇怪的是，原本很是勤奋的下属变得越来越懒散，就连老板也对这位组长没了好脸色。

就事论事，上述案例中说的组长之所以业绩突出，离不开他的小组每一个人的努力。他的小组成员也会认为自己"没有功劳也有苦劳"。所以他将所有的功劳都归于自己，自然会引起别人的不舒服。

一般在生意场上最常说的一句话便是"有钱大家一起赚"，还有句话叫作"独食难肥"。比如：一件事情明明就是所有人一起努力的结果，小 C 非要说这是他一个人的功劳，一句话便得罪了所有和他一起工作的同事。在以后的工作当中，难保没有人给他穿小鞋。

所以当你在工作中做出一些成就的时候，千万不要想着独占功劳，因为很多时候，这份荣耀会给你的人际关系带来很大的危机。试想一下，每当有了一份功劳、荣耀，都被一个人独占去，换作是你，你心中是否愿意？

小胜靠智，大胜靠德。只知道独占功劳，是常人的行为；而懂得分享的，是贤人所为。懂得分享之人，才能获得大家的喜爱，也能让你在日后的工作当中获得更多的帮助。

独占是小人心机，分享是君子胸怀。而把功劳和荣耀送给别人，是一种聪明的做法，甚至还会给你带来意想不到的好处。

不过在分享荣耀的时候，你要注意以下几点：

首先你要真诚地感谢，感谢同事的帮助和协作，尤其是要感谢上司的提拔、指导。不要把所有的功劳都归于自己。

其次你要主动地分享，如果你得到的荣耀确实是别人鼎力相助的结果，在炫耀你的荣耀的时候，不要忘记分享给帮助过你的人。虽然别人不一定要分你一杯羹，但是你主动地分享会让别人有被尊重的感觉，也会觉得帮助你是一件值得的事情。

最后一定要端正态度，注意要谦卑。若是你有了荣耀之后，便气焰嚣张。别人表面上不说，心中也会想：你看那个人一朝得志便猖狂，真是小人行为。之后工作中便会从内心不想和你合作，让你到处碰钉子。而如果你有了荣耀，不骄不躁，为人谦卑，别人就会想：这个人得了这样的荣耀，还这样客气，值得一交。在以后的工作中自然也不会和你作对，而且一旦你再次需要帮助，人家也不会犹豫。

9. 在他人需要时，及时伸出真诚的援助之手

我们常常喜欢锦上添花，对雪中送炭却视而不见。常言道："给人所需，急人所难！"当你在他人需要时，及时伸出真诚的援助之手，等你遇到困难时，别人才会帮助你。

帮助别人是一种美好的品德，也是一个人成功的必备素养。当这种品德被传扬，我们的生活就会变得更加美好。

一个寒冷的风雪交加的夜晚，一个叫作叶利的驴友因为汽车抛锚被困在了回城的路上。这里前不着村后不着店，手机还没电了，没有任何人能够来救叶利。叶利陷入了绝望，如果现在下车徒步去求救，他必死无疑。就算坐在车里，他也感觉越来越冷，正当他以为要投向死神怀抱的时候，一个开车的男子路过，将叶利带回了城里。

叶利回到了暖和和的家里后，对救了他的男子感激不尽。他拿出钞票给男子表示感谢，没想到男子拒绝了，只是说道："这不需要回报，只要你答应我，在日后看到别人有困难的时候，你也要尽力帮助他。"于是，叶利谨遵承诺，在后来的日子里，主动帮助了许许多多的人，并且每次别人要感谢他的时候，都会把那句话转述给被他帮助过的人。

几年后的一天，叶利旅途中遭遇河流突然发大水，被困在了一个小岛上，一个勇敢的年轻人冒着被洪水吞噬的危险救了他。当叶利要感谢他的时候，年轻人竟然也说出了叶利说过无数次的话："这不需要回报，只要你答应我……"

叶利听后，只觉得胸中涌起了一股暖流，原来这条爱的链条一直传递到现在，最后又救了自己一次。叶利感叹：他这一生做的这些好事，都是为他自己做的。

2013年的央视春晚，有一个小品叫《搭把手不孤独》，里面郭冬临讲述他师傅是开出租车的，他在后备箱里随时带着拖车杠，遇到有谁的车抛锚了，便会下去帮人家拖车，还得了一个称号叫"最美拖哥"，并将这一美好的品质传给了他的徒弟。

我永远不会忘记在看到郭冬临满含感情地说"搭把手不孤独"时，心中涌现的感动。

有句话说得好，"予人玫瑰，手有余香"。世事繁杂，桑田瞬变。正所谓"花无百日红，人无千日好"，人生百年，谁也不敢说一辈子都会顺顺利利的。一个人春风得意的时候，你帮助他，他不一定会记得你。但是如果一个人失势、遇到困难的时候，你对他伸出援助之手，哪怕仅仅是一句安慰鼓励的话，也会让他心中感激，并且铭记一辈子。当你需要帮助的时候，他也会毫不犹豫地帮助你。这样，你人生的路就会越走越宽。

10.让对方体会到你的关爱，做事会事半功倍

生活中，总是有那么一群人，人缘很好事业成功。不管是多难缠的客户，多复杂的人际关系在他们手中都变得轻巧简单，好似他们是天生的人生赢家一般。然而，如果你仔细观察就会发现，他们的成功往往有迹可循，因为他们常常更注重关爱别人。

无论是在职场上，还是生活中，我们面临着各种人际关系的交往，亲人之间、朋友之间、同事之间、上下属之间、客户之间……如果你能够让对方体会到你的关爱，无论做什么事，

都会事半功倍。

王嘉廉作为 CA 公司的创始人，无疑是一个人生赢家。琼是王嘉廉公司一位普通的电脑程序员。一次，她和王嘉廉在电梯中相遇，正好王嘉廉身边跟着他的兄长。琼本来以为王嘉廉并不认识她，结果王嘉廉在向兄长介绍她时，对她的工作和个人情况十分了解，琼感受到了王嘉廉的重视。后来，在一次闲聊中，王嘉廉知道琼喜欢吃冬瓜。过了不久，便送给琼一个自家后院中产出的巨无霸冬瓜，琼很是感动。

对于琼这样的基层人员，在别的公司恐怕根本没有机会和上层领导打交道，更不用说得到领导的重视，可是王嘉廉能够做到关爱公司里的基层人员。正是因为这样，CA 公司的员工忠诚度才会那样高。

常言道：巧辩不如攻心。当你走向职场的时候，同事之间一句暖心的问候，都可能会给你带来意想不到的效果。因为你的关爱是重视对方的一种表现，这会让对方感之于心而发于情，然后对你产生很深的好感。

当然关爱一个人，并不是说让你在轰轰烈烈的大事上尽心尽力。真正关心一个人，是从日常生活中的小事上做起，润物细无声，在不经意间流露出来的关爱，往往会更打动人心。

还记得有人说过，当你进入一个陌生的环境的时候，"早安""再见"这两个词往往能够让你快速融入这个环境。比如说：你刚刚换了一个公司，周围全都是不认识的同事，他们在开心地说一些有趣的事情，他们彼此之间熟悉的氛围你融入不进去。你心中忐忑又不知道怎么开口，怎么办？这时，你若是在早上来到公司的时候，对着同事说一句"早安"，当别人笑着回复你，你就可以轻易地打破尴尬的窘境，迅速融入到同事当中。

事实上，每个人内心里面都渴望得到别人的关爱。关爱别人不仅会让人的内心产生温暖，对方也会给予你足够的回报。

为什么关爱客户，并与客户维持着良好关系的人更容易成单？就是因为他的关爱让客户体会到了温暖，客户认为他是一个值得信赖的人，愿意将这笔生意交到他的手中。

为什么一个人生病了，家人朋友会去关心问候，医生也会常常去关爱他？因为关爱是一种神奇的力量，当一个病人体会到还有很多人在关爱着他的时候，他往往会创造奇迹。

美国作家欧·亨利的小说《最后一片叶子》便是讲了一个陌生人的关爱帮助病人重新树立起了生命的希望的故事。一位身患重病的女人的房间外面有一棵树，她的身体状况随着树上叶子的飘落越来越差。而一位老画家得知后，便画了一片足够以假乱真的叶子挂在了树上。日子一天天过去了，冬天到了，树上的叶子落光了，只剩下了那片绿油油地假叶子孤零零、顽强地挂在高高的树枝上。女病人看着那片叶子在寒风中也能傲立枝头，她感觉重新看到了生命的希望，她觉得自己的生命也不能那么脆弱，最终坚强地活了下来。

正因为老画家的关爱，才挽救了一个濒临绝境的生命。

我们不仅要在生活中关爱他人，想要取得成功，更要在职场上学会关爱他人。那么如何在职场上去关爱他人呢？

首先，生活中要肯定别人。鼓励的话、赞同的话、关心的话……对于人来说就像是精神食粮，当别人在生活中得到你的肯定，往往你们的关系也会越来越亲近。

其次，用行动来证明。比如说：你的同事感冒了，你及时送上问候并贴心地为他倒一杯热水；当你的同事取得了成就，你分享他的开心并送上真心的祝贺，当你的同事有了伤心的事情，你安慰他的同时并帮他分析事情的起因……

最后，同事之间也可以送一些小礼物来增进感情。比如说：记得同事的生日，送上一个不贵又漂亮的小礼物，在让对方不必负担人情往来的同时拉近彼此之间的关系。

第二章

有一种善良叫尊重，
请照顾弱者的自尊

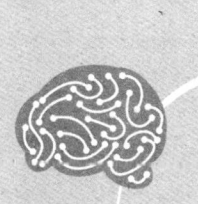

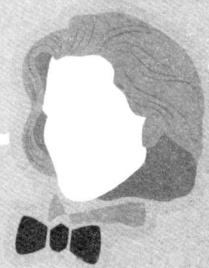

1. 带着优越感去帮助别人，是一种伤害

"请你们出去。"家徒四壁的大婶面前有一个人手中拿着东西，抱着被子，另一个拿着手机正在录像，大婶冷冰冰地说道。

"大婶，我们真的是来捐助你的，我们是出于一片好心。"其中一个年轻人笑嘻嘻地说道。

"是呀，大婶，只要你配合我们在手机面前说几句话，这些东西就都是你的了。你咋还不愿意呢？"另一个年轻人极力游说。

"我不需要，拿着你们的东西滚出我们家。"听到年轻人的话，大婶更愤怒了，直接将他们拿来的东西扔了出去。

年轻人那种高高在上的施舍感，深深地刺痛了大婶。

施舍，施善仅仅是一字之差，却有天壤之别。施善绝不是简单地施舍，它是在我们帮助别人的时候，更要记得给予别人尊重。

一天傍晚，一个年轻人徘徊在小餐馆的门口。等到里面的客人都离开了，才羞涩地推开餐馆的门走了进去。"能给我一

碗白饭吗？”年轻人小声地点餐。见年轻人没有点菜，老板娘很是奇怪地看着年轻人。年轻人的脸慢慢红了起来，手足无措地站在原地。

“当然可以。”见此，老板立马大声地说道，然后快速地盛了满满的一碗白饭，甚至好心地在上面淋了一勺菜汤。“我们店里一般都是汤泡饭，而且米饭可以免费续添。”老板笑着和年轻人解释。年轻人非常感谢地接过了盛满白饭的碗，坐在角落里狼吞虎咽地吃了起来。等到吃得差不多了，年轻人红着脸说：“我可以再续添一碗带走吗？”年轻人声若蚊蝇，似乎为自己的行为感到羞耻。

老板心里猜想年轻人的家境应该不太好，独自一人来这里求学，甚至还可能半工半读来赚下个学年的学费。老板是一个很有同情心的人，点头答应了，给年轻人装了满满一盒米饭，还悄悄地在米饭的下面放了一勺滋味浓郁的肉臊。老板娘见状，小声地问道：“你都送他白饭了，怎么还在下面加了一勺肉臊？”

“本来他接受白饭已经很不好意思了，若是再看到肉臊，肯定以为我们在施舍他，这不是伤害他的自尊吗？”老板小声地回道。

老板娘听了之后小声地夸赞老板的善举。

纪伯伦曾说过：“当你施与的时候你当然是慈善的，在授予的时候要把脸转过一边，这样就可以不看那受者的羞涩。”

施善绝不同于施舍。施舍，是给穷人财物，往往在帮助别人的时候，给接受者造成心理上的伤害。

台湾作家刘墉曾说过一件事：有一次他碰到一个收废品的阿姨，出于同情心，他拿出钱递给阿姨。阿姨不但没接还白了他一眼。当他将手中的饮料瓶递给阿姨时，阿姨接了过来并且对他笑了笑。

施善是一件好事。但现在的施舍者在受者面前往往感觉自己高人一等，站在高处俯视着那些接受自己帮助的人，满身的优越感扑面而来。受者不会对你的帮助感激，只会觉得满满的难堪。

一次漫画大赛上，在一个不起眼的角落里挂着一幅漫画。画的是一个高高在上的贵妇人，在经过一条马路的时候，看到一个乞丐。贵妇人一只手拿着一叠钞票伸到乞丐的面前，然后另一只手拿着洁白的手绢捂着嘴把头扭到一边去。可是乞丐根本没有伸手拿那叠钞票，依然蹲在一个脏兮兮的袋子旁边翻弄自己捡来的垃圾。

人们路过这幅画的时候，纷纷被吸引，驻足观看讨论，只觉得这幅画的寓意很深。最后一个人说道："我觉得这幅画是说微笑的尊重永远大于冷漠的施舍。"众人纷纷点头称是。最后这幅画获得了那一次漫画大赛的第一名。

施舍者别有他图，带着明确目的去帮助一个人的时候，急切的功利心往往会给受者造成很大的压力。敬人者，人恒敬之。当你决定施善别人的时候，先想一下是你为了帮助别人渡过难关，还是为了满足自己的怜悯之心。愿你帮助别人的时候，尊重一下别人，做一个真正的施善者。

2.对一个人最大的帮助，是帮助他树立自信心

有一个富商在下班的路上，看到了一个穿着破旧的年轻人在路边卖铅笔。富商心中充满了怜悯之情，从口袋里掏出了一张钞票塞到了年轻人的手中，然后头也不回地走了。没走多远，富商忽然返了回来，从摊子上拿起了一捆铅笔，说道："你和我一样，都是商人。"几年后，富商再次碰到了年轻人，这时候年轻人已经是一位成功的商人了，年轻人对富商感谢地说："先生，感谢您当初给予我的尊重，您说我和您一样都是商人，让我树立了信心，才创造了今天的成就。"

仅仅是因为几年前的一句话，竟然能够改变一个人的命运，这真的是太让人难以想象。它帮助一个自卑的人树立了信心，让一个穷困的人重新大展拳脚，取得了人生的成功。

相对于物质，给予精神上的鼓励明显拥有更大的力量，它能够让一个人打破逆境，获得重新站起来的力量。

村子里有一个缺了一只胳膊的乞丐，没法做活，只能以乞

讨为生。村子里的人可怜乞丐，所以每当乞丐上门乞讨的时候都会拿出一些吃的东西送给乞丐。

一天，乞丐走到一户人家的时候，家里只有一个老太太。乞丐向老太太乞讨，老太太指着门口的一堆柴火说："你帮我把这些柴火搬到后院去。"

乞丐生气地看着老太太，指着自己的身体说道："我只有一只胳膊，怎么帮你搬柴火？你不愿就不给，何必捉弄我？"

老太太看了一眼乞丐，用一只手拿起了一根柴火，说道："这样的事，一只手也可以做到。"

乞丐只好用一只手搬了起来，整整搬了两个小时，才将所有的柴火搬完。

老太太拿出了一些银钱递给了乞丐，"这是你的酬劳。"

乞丐郑重地接过了钱，感激地说道："谢谢你的慷慨。"

老太太说："不用谢，这是你用自己的劳动挣到的钱。"

乞丐对着老太人鞠了一个躬，说："我永远不会忘记你的。"

几年过去，老太太的门口忽然来了一个西装革履，气度不凡的年轻人。他说他是专门来感谢老太太的，正是因为老太太让他搬柴火之后，他才找到了自己的人生价值，然后靠着自己的拼搏，终于取得了成功。

老太太的行为和富商有异曲同工之妙，在帮助弱者的同时，不忘给予弱者最基本的尊重。而他们的举动，就像是一粒小小的种子，在接受帮助者的心中生根发芽，让他们对自己的人生充满了信心。

拥有了信心，便是拥有了战胜困难和挫折最有力的武器，便会敢于去尝试人生中任何的可能，创造人生的奇迹。

3. 授人以鱼不如授人以渔

蓝天绿水，青瓦马头墙，这是电视剧《欢乐颂》里，五一假期，小包总带着安迪出游的地方。千年古树下，小包总说的一句话很让人印象深刻，他道："用他们的土地扭转他们的生活，这样就不是慈善的受体，而是独立的个体了。"

小包总说这句话是因为他在一个美丽但贫困的村子里租地建了一个民宿，赚来的钱除了维持民宿的运营，剩下的都取之于村用之于村。更是把村子里的手工艺人组织起来，让他们用自己的手艺做一些工艺品来挣钱。

小包总说："如果我直接捐钱给他们，他们肯定不愿意接受。现在用自己的手艺来挣钱，他们会觉得这是他们在凭着自己的劳动挣钱，心里就坦然自在多了。"

确实，在一个穷人面前，你直接给他钱，虽然能够解决他的困境，但是从他的内心角度出发，他要一边接受着别人的施舍馈赠，一边承受着来自内心的自卑低下，甚至是屈辱感。有句俗话说："施比受有福。"弱者在接受别人施舍的过程中，心中所承受的压力，是常人难以想象的。

所以，我们才会常说：授人以鱼不如授人以渔。给那些无力改变自己命运的人提供一些机会，他们抓住了，便可以靠着自己的努力改变命运。比直接捐钱捐东西给他们，有意义得多。

一个叫作艾尔的青年，非常聪颖，考上了一所全国著名的大学。但是由于父母早逝，艾尔的家庭条件很困难，上大学的费用根本没有着落。

艾尔不想放弃上学的机会，无奈之下，给当地一名特别喜欢做慈善的富商，写了一封信，希望富商能够资助他上学。

富商看了艾尔的信，并没有立马答应给艾尔钱，反而是给艾尔回了一封信，信中说道，你进入大学之后，可以到我开在你们大学旁边的超市打工，我可以先预支给你一年的薪水。我会将你的情况和那边超市的负责人说明，到时候你直接去办理相关手续就行了。

艾尔想了想，觉得这是一个很不错的机会，便答应了。

几年以后，艾尔成为了一名成功的商人。当有记者采访他的时候，他说最要感谢的人便是当初资助他上大学的富商，正是因为他独辟蹊径，才会将自己引上了一条自食其力的路。如果当时富商只是给他一些钱，虽然能够解决他的燃眉之急，但是很可能会养成他懒惰、不劳而获的思想，也就不会有现在的成功了。

在一次大型的慈善活动中，一位慈善家曾经说过这样一句话,"帮助别人的根本宗旨,是要给被帮助的人,找一条光明、灿烂的路子,还要给予人格尊严。这是一种道德底线,更是一种人格力量的升华。"

当我们帮助别人的时候,让他们用自己的劳动获得回报,他们才会取得心理的平衡,借此也会产生自信。这才是一种平等的,尊重弱者的帮助方式。

4. 不拿别人的缺陷开玩笑

"小梦,你最近吃什么好东西了,肚子越来越大,不知道的还以为你带着个游泳圈呢。"同事小王指着小梦明显凸出来的肚子笑嘻嘻地说道。

小梦顿时面红耳赤,瞪了小王一眼说道:"用你管。"然后气呼呼地走了。

"她这是怎么了?我不就是开个玩笑嘛。"小王不高兴地说道。

是呀,不就是开个玩笑,那么认真干什么?记得吴宗宪曾说过:"以前拿别人开玩笑,本意无非是想活跃一下节目气氛,但是无论多么浅的玩笑,甚至是捧着说的玩笑,都会有人不高兴。"

生活中确实常常会看到，几个人聚在一起，用别人的缺陷开玩笑来取乐。例如一个人喜欢贪便宜被骗的经历常常被他的朋友拿出来调侃，笑其智商捉急。或者对一个说话不流畅的人冷嘲热讽，还学他说话的样子引得别人哄堂大笑……若是被人撞见了，他们也不以为然，耸耸肩膀，无所谓地说道："别生气，我就是开个玩笑。"

一天，几个同事聚在一起聊天，钱丽向大家展示了一下她昨天刚配的眼镜，问大家她戴着这幅眼镜好不好看。虽然大家都不太感兴趣，但也不愿意扫钱丽的兴。便纷纷点头说很好看。小孙在同事里向来能说会道，扮演着活跃气氛的角色。看到钱丽拿出了眼镜，他想到了一个笑话，立刻说道：

"有一个姑娘去鞋店买鞋，试穿了好几双感觉都不是很满意。老板便蹲下来亲自替她量脚的尺寸，谁知这位姑娘是个近视眼，看到老板光秃秃的脑袋还以为是自己的膝盖露出来了，连忙拿裙子将它盖住。这时候传来了老板的骂声：'混蛋，保险丝又断了。"

大家哄然而笑，只有钱丽黑着脸看着手中的眼镜。从那以后，再也没有见过钱丽戴眼镜，而且碰到小孙也不和他打招呼了。

说者无心，听者有意。在小孙看来，他只是讲了一则笑话来逗大家开心。但是在钱丽看来，这是小孙在嘲笑她戴眼镜，真是可恶。俗话说"打人不打脸，揭人不揭短"，别在胖子面前说瘦，别在矮子面前说高。很多时候，你所谓的一句玩笑，会戳痛很多人心中一直小心保护的软肋。

这种拿着别人的缺陷开玩笑取乐行为有什么意思吗？比如：我长得胖，嘴上说着不在意，其实心里自卑的要命。若是有人一直用我的身材开玩笑，对我来说这是来自世界最大的恶意。我一定会想是不是我哪里得罪了这个人，要不然为什么一直在别人面前揭我的短。

人与人的相处方式有很多种，并不一定非要用开玩笑来活跃气氛，与人相处，不拿别人的缺陷开玩笑是做人最基本的礼貌。而一个人最好的教养，就是不要把自己的快乐，凌驾于别人的痛苦上。

一个有修养的人，无论在任何时候，任何场合，都不会抓着别人的缺陷一个劲地逗乐，更不会在还不了解这个人的性格弱点时冒冒失失地去戳别人的伤疤。

5. 得意时，也别瞧不起失意的人

"春风得意马蹄疾，一日看遍长安花。"人生得意，难免心中膨胀。但是，在你得意之时，千万不要瞧不起身边失意的人。正所谓：三十年河东，三十年河西，没有人能够永远得意，也没有人会永远失意。

老李因为经营不善，公司面临破产，为了挽救公司，老李还抵押了房子贷款。现在公司撑不下去关闭了，妻子也因为不堪的生活压力，要和老李离婚。老李内忧外患，很是苦恼。

老刘作为老李的朋友，看到老李心情这样低落，很是担心。便约了几个旧友一起吃饭，想要借着热闹的气氛让老李的心情能够好一点。

来吃饭的朋友都知道老李的公司倒闭了，做生意不可能一帆风顺，大家都很体谅老李，同情老李的遭遇，因此都避免去谈与事业有关的事情。

其中一位朋友老王正处在事业的上升期，目前已经赚了很多钱。等到喝了几杯酒之后，歪着身子拍着老李的肩膀大着舌头说道："老李，当初我看你就不是做生意的料，你看现在公司果然倒闭了。你再看看我现在的身家，人啊你得会花才能会赚钱……"

说得老李脸色一会儿青一会儿白的。老刘看着老王那得意的神情，心中也很不舒服。老李坐了一会儿，便找借口提前离开了。

老刘送老李到门口的时候，老李生气地说道："老王这是什么意思，他会赚钱也不用在我面前炫耀啊。"

老王在老李面前赤裸裸地炫耀，一副高高在上，瞧不起老李的模样。可是他现在得意，焉知下一秒会不会成为那个失意之人？作为朋友，看到老李有困难不仅不帮忙，还落井下石，让人不得不怀疑他的人品。

"日落西山你不陪，东山再起你是谁？"等到你需要帮助的时候，他人想起你今日的所作所为，也会犹豫是否要帮助你。

别人正在失意之时，不要在他的面前谈论你的得意。因为失意的人最脆弱，也最多心。你的得意和他的失意形成了鲜明的对比，你在他的面前高谈阔论，在他听来都是充满了讽刺和嘲弄的意味。

你在失意者面前炫耀的时候，你的得意就会像是一棵布满刺的荆棘，狠狠地插在了失意者的心上。人都是有嫉妒心的，你的言语行为，甚至会激起失意者恨意的逆反心理，就像是在失意者的心中埋上了一颗炸弹，不知道什么时候便会爆炸，危及你们两个人之间的友谊。

其实这种心态很好理解，我们不妨换位思考一下，若是你在失意的时候，有人在你的面前喋喋不休地炫耀着他的成功，恐怕你早已经火冒三丈，嚷嚷着要割袍断义了。

当你得意的时候，瞧不起别人，在你失意的时候，别人也会对你落井下石。所以不管任何时候，都不要瞧不起任何人。

对于一个成年人来说，你的得意炫耀只会让你失去更多朋友，更多的机会。

张欢是一家公司的经理，业余时间经常带着手下的几个人一起炒股。一开始的时候，张欢每猜必中，很是受手下人的重视，张欢买什么，手下人便跟着买什么，还常常让张欢演讲一下自己的经验。

不久之后，张欢的好运到头了，每炒必亏，大家纷纷质疑地看着张欢，也不夸他股神了。最后，那几人自己成立了一个炒股小组，立马将张欢丢在了脑后，还在公司里面传播张欢炒股特别差劲。后来炒股小组收盘高呼，很是在张欢面前得意了几番，气的张欢好几顿都没吃好饭。

同事中，只有林方一人对张欢的态度依然如故，常常和张欢一起研究股票的走势。林方并不是为了曲意逢迎，只是看不得张欢的"失落孤独"。经过两人的相处，林方得到了张欢的信任和赏识，在张欢从公司离职的时候，根据公司的要求推荐了林方成为他的继任。

身处职场江湖，要牢牢记住：得意时不要炫耀，低调才是真理。也不要报复曾经伤害你的人。职场是残酷的，职场上的晋升，就像是早晨挤地铁一样，没挤上去的使劲挤，一旦挤上去就会有意无意阻挡着后面的人。每个人向上爬的时候都受过踩踏，但是反过来你也踩踏过别人。既然已经上来了，对于曾经的对手不妨一笑了之，多一个朋友，便多一条路。

6. 别轻易指责穷人，穷人有穷人的难处

美国电影《当幸福来敲门》中有一个桥段，说的是弗雷姆向男主克雷斯借5块钱打车，尽管他不愿意，但还是借给了弗

雷姆，然后只能在原地悲伤地看着弗雷姆离去，眼神中尽是委屈。看到这里，大家纷纷骂克雷斯真是一个小气的人，连五块钱都不舍得借。

但是当你知道了原来克雷斯没有了工作，老婆也跑了，银行账户只剩下 21.33 块钱，还要独自抚养儿子的时候，便会发出一声感叹：原来克雷斯这么可怜，那五块钱是他全部财产的四分之一了。

现在越来越多的人喜欢指责穷人，在不了解事实的情况下攻击穷人的行为作风，就好像穷就是原罪，一再地告诫自己要远离穷人。

电影《了不起的比尔盖茨》中说过："每当你想要指责别人的时候，要切记，这世上并非所有人都拥有你那样的优越条件。"

A 君常常被人说小气，几毛钱都要计较。一次和同事出去吃饭，同事身上没带钱，便让 A 君代付，说好等着回去便还给他。

吃完饭回去之后，同事绝口不提还钱的事情，A 君忍了两天，看同事还没有还钱的意思，便直接和同事要。同事恼羞成怒，一边把钱甩在了 A 君的桌子上，一边嚷嚷着说道："不就几块钱吗？追命似的做什么？"别的同事听到了，也纷纷指责 A 君为人小气，几块钱的事都要计较，不值得交往。

他们不知道的是，A 君的妈妈常年有病在身，需要天天吃药，A 君省下来的钱都用来给妈妈买药了。

同事们不知道 A 君本身的情况，便妄加指责，这对 A 君来说是不公平的。你所占的一点点便宜，对你来说可能是九牛一毛，无所谓的事情，但是对于 A 君来说这就是他妈妈的救命钱，是深深的沉重与无奈。

通过 A 君的事情，你想要指责穷人的时候，不妨换位思考，站在穷人的角度想一想，他们这样做必然是因为有他们的难处。

除了攻击穷人的行为，现在流行起来的竟然是去攻击的是穷人的格局、素质、思维……之前朋友圈有一篇题目名为《富人送牛给穷人，结果牛死了》的文章，短时间内获得了大量的转发。意思大意如下：

有一个人很穷，当地一个心地很善良的富人，觉得穷人很可怜，便想帮着他致富。于是，富人把一头牛给了穷人，叮嘱他好好开荒，等到春来撒上种子，秋天收获之后便可以远离贫穷了。

穷人听了之后很是高兴，满怀希望的开始奋斗。可是没过几天，牛要吃草，人要吃饭，穷人发现日子比过去还苦。穷人想不如把牛给卖了，然后买几只羊。不仅可以先杀一只吃，剩下的还可以生下小羊，长大了拿去卖能赚更多的钱。穷人如愿以偿了，换回羊之后立马杀了一只吃，可是剩下的羊迟迟没有生下小羊，日子又过得艰难起来，穷人忍不住又吃了一只羊。

穷人想：这样下去可不行，不如把羊卖了，换成鸡，鸡生蛋的速度要快一些，卖鸡蛋赚了钱立马就能过上好日子了。

穷人的计划又如愿以偿了，可惜的是日子依然没有改变，每次艰难的时候，穷人就杀鸡吃，等到吃的只剩下一只鸡时，穷人的理想彻底崩溃了。于是，破罐子破摔，穷人将最后的一只鸡卖了，打了一壶酒，三杯下肚，万事不愁。

很快，春天来了。富人兴致勃勃地为穷人送来种子，发现牛早就没了，而穷人正高兴地就着咸菜喝酒，富人转身走了，穷人便一直穷了下去。

看到这篇文章的时候，大家痛骂穷人没有脑子，只知道享受，一点都不知道吃苦致富。明明富人都给他送了一头牛了，只要好好干活，总会赚到钱的。他却将牛给卖了，真是活该一辈子受穷。

但是冷静下来，仔细想想，谁愿意受穷呢？故事中的穷人也不是没有想过致富，但是他已经家徒四壁了，自己都吃不饱，哪儿还有多余的资源去支撑着他创业？

他没有受过教育，思维已经僵硬固化，生存之地更是消息闭塞，使他接触不到有效的、有价值的信息，便造成了，"想要改变却不知如何去改变，看不到出路"的窘境。正所谓"贫贱夫妻百事哀"，换位思考一下，当你是一个穷人的时候，如果是你对将要做的事情没有信心，怎么敢将你的身家全部投入进去？

努力了，生活却是没有任何的改变，甚至还不如之前的生活，他们心中自然会抱怨、怀疑，久而久之心中便认命了，重新回归到以前的生活。

　　所以在生活中，我们与其嘲笑穷人，不如在我们有能力的时候，帮助他们深入分析一下导致他们贫穷的根源，看能否帮助他们找到一条切实有效地脱贫致富之道。

7. 即使身为公司 CEO，也应尊重那些能力不如自己的人

　　"能力太差了，根本做不了这份工作"、"太笨了，以后肯定一事无成"……一句话就把那些能力不高的人判了"死刑"，然后过了几年说这些话的人就会被各种打脸。

　　就此，人们发现了一个奇怪的现象，毕业或者工作了几年后，那些不起眼的，你常常看不起的人，往往在工资或者社会地位上反而比你高，充分说明了"风水轮流转"这个道理。如果你懂得换位思考的道理，就应该明白，当你能力强的时候对着别人颐指气使，当你需要别人帮忙的时候，别人对你落井下石也并不过分。所以，即使你现在很厉害，也不要看不起任何一个混得不如你的人。

　　一家公司的部门主管因疏忽失职，被公司解雇。他能力很强，恃才傲物。对领导就巴结逢迎，对公司门卫大爷和基层员工就不屑一顾。即使是对别人的主动示好，也是面无表情，十

分不尊重人。

上个月，公司老板要参加一个重要会议，便让主管拟了一份会议发言稿。等到第二天，主管陪着老板到达会场才发现自己把发言稿忘记在办公室。

现在回单位取肯定来不及，只有求助单位同事，火速送过来。主管只好打电话请门卫大爷帮忙打开办公室门让同事去取。结果大爷一听是他，找个理由挂断了电话。

等到老板上台了，发言稿还没送来，出了个大糗。回到公司，老板立马把这位主管给解雇了。

事实上，我们去判断一个人是否足够优秀，不仅仅是看他的工作能力，更需要看他是否能懂得尊重别人。或者说，只有你懂得尊重别人，你才能够变得更优秀。

很多人会下意识地去尊重领导，对于和自己平等地位或者说还不如自己的人，便马上变了嘴脸，一副高高在上的模样。殊不知这样的人，在别人眼里只不过是趋炎附势的小人罢了。

当你很优秀的时候，面对不如你的人，不妨换位思考一下，如果你处在他那个位置，你的领导每天仰着头用鼻孔看你，对你十分不尊重，你还愿意跟着这个领导干吗？恐怕因为心中憋屈，早就辞职走人了，甚至走之前为了出之前受的恶气，还会故意黑公司一把。

陀思妥耶夫斯基说过："对人不尊敬的人，首先是对自己不尊重。"

无论是生活中，还是在职场上，即使你的能力再强，权力再大也要尊重别人。就像你是一个富豪，但是当你走在大马路上的时候，也要尊重那些环卫工人，因为你居住的优美环境是他们给的。

尊重弱者是有教养的表现，你顾及到别人的感受，懂得换位思考，才会赢得别人的信任和支持。不管你的能力有多强，职位有多高，与人相处都应该秉持着平等的原则。如果你看到别人不如你，就趾高气扬，大加嘲笑，很快就会自食恶果。

人们常说，一个人的层次，往往在某一个细小的品质中就能够看出来。如果说尊重强者是一种本能，那尊重弱者就是一种美德。

在生活中，并不存在完美的人，每个人都是都有自己的长处和短处。即使你再厉害，也有需要别人帮忙的地方，我们没有任何理由以高山仰止的目光去审视别人，也没有资格用不屑一顾的眼神去伤害别人的自尊，即使这个人不如你。

当然，如果你有些地方不如别人，也不需要以自卑或者嫉妒去代替应有的自尊，你总有你的发光点。我们只有学会尊重别人，才能赢得别人的尊重。事实上，尊重别人就是尊重自己。

8. 不必太刻薄，每个人都有自己的不容易

常言道："克核太至，则必有不肖之心应之，而不知其然也。"当我们看到不如自己的人的时候，总是喜欢在心中嘲笑他，或者三五两两地聚在一起，用他的弱点取笑，好像这样就能显示我们高人一等的地位。将自己的快乐建立在别人的痛苦之上，让对方自尊心受损，颜面尽失。我们对于自己的"幽默"得意扬扬，从来不会换位思考去体谅一下别人的不容易。以为自己在朋友圈中混得如鱼得水，却没发现，你的朋友正在因为你的刻薄远离你

很多人总是看不起"弱者"，自以为是地拿着弱者的缺点来开玩笑，误认为这是在表现自己的幽默。若是与"弱者"起了争执，更是理直气壮地肆意斥骂。

"顺丰快递小哥被现代车主当众掌掴并辱骂"的视频曾经引发了舆论的热议。

有人说："不就是一个送快递的吗？""看，你就是干这个的，不好好送快递牛气什么？""你挣得就是这份钱，你就得受这份委屈！"……只是因为快递小哥处在服务行业，相比于现代车主处在"弱者"的位置，人们便不分青红皂白地去指责他，完全没有人去体谅一下快递小哥的辛酸和委屈。

我们常说"人人平等"，就算是弱者也有自尊。可是那些自认为正义之人，却用自己的尖酸刻薄来嘲笑讥讽别人获得快

感。这种人从来不会换位思考，他们往往以自我为中心，从来不会为别人考虑，这种人的人缘往往非常差。事实上，拥有换位思考的能力对人来说非常重要。

如果你学会了换位思考之后，你就会发现，每个人都有自己的不容易，将自己代入对方的位置，你就更容易学会怎样去体谅他人。

郑浩是办公室新来的大学生，领导便让冯东当他的师傅。初入职场的他，工作起来勤勤恳恳，请教师傅问题的时候虚心有礼貌，即使加班也无半句抱怨。

冯东带他很尽心，所以郑浩进步很快，工作业绩有目共睹。领导很满意，经常表扬他。

有些人看不惯了，对冯东悄悄说道："郑浩这个刚毕业的孩子，一点也不懂得收敛锋芒，你要小心了。"

"可不。我听说他是我们经理的远房亲戚，再这样下去你的位置就要危险了。"

"切，有什么了不起，我看他也就三分钟热度，装不了几天！"

……

冯东笑笑没说话，对于同事说的那些刻薄的话根本不放在心上。工作上，依然很尽心地指导郑浩，出了问题就鼓励郑浩，帮着他积极寻找解决办法。

有一次，郑浩问冯东为什么对他这么好？

冯东说，职场上的新人都不容易。看到他就像看到了当年的自己，满怀激情地进入职场，结果失望地发现同事们都是当面说笑，背后刻薄。所以遇到新人的时候，他就想待他们真诚一些，别走他当年的那些弯路。

优于别人并不高贵，真正的高贵是优于过去的自己。不论你多有钱，职位多高，都没有权利对别人刻薄。刻薄之人是无法处理好人际关系的，也很难成功。《易经》中说过："君子以厚德载物。"我们不妨学会换位思考，做一个对人宽厚的人。

第三章
chapter 3

考虑听者的感受，
给逆耳的话裹上"糖衣"

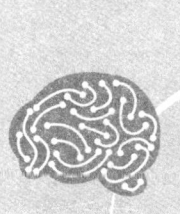

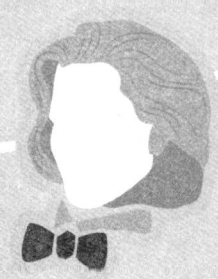

1. 就算别人错了，你也大可不必咄咄逼人

生活中，没有人是完美的，每一个人都会犯错。当你看到别人做错了，指出来便可以了，没必要一副咄咄逼人的架势。俗话说"得饶人处且饶人"，若是你不顾他人感受，习惯性地去攻击，去批判，即使你有理，也会惹人讨厌。

相声演员岳云鹏曾经在央视《面对面》节目中回忆过一段特别难忘的经历：15 岁的时候，他在餐馆里面当服务员。有一次，不小心写错了菜单，记错了一瓶啤酒，仅仅是为了这 6 块钱，被一个大哥辱骂了 3 个多小时。无论他怎样道歉，对方都不接受，最后还是岳云鹏为对方掏了饭钱，对方才罢休。

当主持人问岳云鹏现在是否已经原谅了对方。岳云鹏哭了，说道："虽然在这个场合，我应该说我放下了，但是我要说，没有……我特别恨他。"

是呀，大庭广众之下，对方如此咄咄逼人，已经成为岳云鹏心中永远无法愈合的伤痕和无法回首的难堪。

这样咄咄逼人的场面，我们在生活中常常看到。"顾客就是上帝"是服务行业的宗旨，有些人便真的以为自己是"上

帝"了。去饭店吃饭的时候，只要服务员有一点怠慢，便得理不饶人，让老板过来处理；送外卖、快递的小哥，只要稍微迟到，便指着人家大骂，骂完还要差评投诉……如此咄咄逼人，实在令人难以接受。

每个人都有自己的尊严，我们不妨换位思考一下，倘若你是餐厅的服务员，慢倒了一杯水，你真诚地道歉之后，顾客还对你喋喋不休，破口大骂，你是不是也会感到难堪、感到伤心。

当面对别人错处的时候，我们大可不必咄咄逼人。若是对方又有很好的认错态度，我们不妨一笑而过，得饶人处且饶人，别人也会称赞我们宰相肚里能撑船。

曾国藩曾经说过一句话："今日我以盛气凌人，预想他日人亦盛气凌我。"今日你强势，他日必然会出现一个比你更强势的人。而今天你咄咄逼人，他日也必有人咄咄逼你。

有人苦恼地说道："这些道理我都明白，我也知道咄咄逼人不好，可是改不掉这个毛病怎么办？"

其实想要改掉咄咄逼人的习惯并不难，最重要的便是你要端正态度，明白什么叫得饶人处且饶人，不要揪着别人的错处不放。具体的可以试一试下面的方法：

首先是反应慢半拍。当别人说错了话或者做错了事的时候，不要立刻反驳反击。在话说出口之前，先思考 10 秒钟，想一下你说的话会不会伤害到别人，然后再阐述你的观点。

其次是注意语气，肯定语气换成商量语气。有时候，肯定的语气也会伤到别人。比如，我相信、你一定是、绝对会等可以换成可能、或许之类的词眼，用模棱两可的词语代替肯定的词语，给对方一个缓冲的时间，这样当你指出别人的错处的时候，别人会更好接受。

最后是学会换位思考。照顾对方的感受。当你想要出口指责一个人的时候，先换位思考一下，若处在那个位置的是你，被人如此对待，心中是什么样的感受？想明白了，再开口说话。

2. 批评的话，私底下关起门说就好

一位成功的商人，在访谈中谈及自己经商的路上做过的最后悔的事情，便是在创业初期，在全公司人的面前，批评了一位犯了错的优秀员工。商人说道；"本来我觉得自己批评得对，有错本来就要批评，但是当我看到他因为其他人嘲笑的目光变得狼狈和难堪的时候，我心想，自己怎么能做这么残忍的事情？"

有句话说得好"公开表扬，私下批评。"意思是说，当一个人做了好事，要在公开的场合表扬他，这样才能更好地给人鼓励。而当一个人做了错事，最好是在私下只有你们两个人的

时候再批评他，这样给他留有面子，他也能更好地接受批评，加以改正错误。

事实上，最常出现批评的场合是在职场上。作为一个领导，看到你的下属不好好工作，反而聚在一起聊天；交上的策划案漏洞重重，从而丢了一个客户……你应该要做的第一件事情，便是将他批评一顿。批评能够让他意识到自己的错误，改正并做好自己的工作，为公司创造更大的利益

但是如果你没有考虑到你的下属的感受，在众人面前劈头盖脸对他一顿臭骂，这显然是一件非常不理智的事情。这样做不但解决不了问题，还会伤害到员工的自尊心。

新东方的创始人俞洪敏也特意说过："不管你多么生气，都尽量忍住，不要在公开的场合过度批评自己的员工。这样会让对方很没有面子，对于工作的积极性起不到什么正面的作用，反而还可能让别人对你产生抵触。"

那么，怎样做才是正确的呢？

俞洪敏同样给出了答案："作为一个老板或者领导，最好的做法便是将犯错的员工叫到自己办公室，直接告诉他你哪里让我不满意，这种情况下大家都能接受，甚至还会感恩你没有在大会上对他提出批评，而是私下进行了协商："

批评的艺术博大精深，一个聪明的领导人，懂得什么样的场合说什么样的话，擅长利用人心，创造出一个批评下属的良好时机。

菲林克是一家连锁超市的老板。最近超市的生意有些惨

淡，菲林克发现问题是出在员工的身上，员工上班的时候常常不在岗位上，导致顾客有了疑问没有人解答，最后不得不放弃购买商品。菲林克十分明白热情服务对于一家超市来说多么重要。为此想了很多的办法，情况依然没什么改善

直到有一次，他到自己的超市"微服私访"，事情终于出现了转机。菲林克在超市里看到一位女顾客站在商品前面打量了很长的时间，但是没有一个售货员上前提供服务。菲林克找了一圈，发现不在岗位上的售货员原来都聚在一起聊天。

售货员看到老板来了，吓得脸色都白了。菲林克制止了身边的经理对那几个售货员的责骂，反而是快步地走到那位女顾客面前，微笑着询问她需要什么帮助，十分敬业地解决了女顾客的问题，然后把女顾客选中的商品交给售货员打包。菲林克笑着对那几个售货员说道："看，一场完美的服务。"然后转身走了。

售货员听了菲林克的话，为自己的行为感到羞愧不已，更是感恩菲林克在众人面前给她们留了面子，工作起来更加努力，超市的工作氛围从此改变，生意终于走出了低迷。

以身作则，菲林克用自己的行为告诉员工热情才是最好的服务，避免了超市倒闭的危机。苛刻的批评是无益的，而公之于众的批评更是愚蠢。公之于众的批评，就像是一个危险的火花，它能够引爆人们心中的虚荣和自尊，甚至造成更严重的后果。有时候毁灭一个人只需要一句话，所以，若是想要批评一个人的话，不妨关起门来和他私下说就好。

3. 拒绝别人要顾及别人的自尊

"现在电话销售让人烦不胜烦，你都不知道他从哪里知道了你的电话。"方圆气呼呼地还没等对方说几句话便将手机挂断。"王姐，你说这些人是不是很烦人？"

王姐笑了笑说道："以前我也是这么觉得的，直到有一次我做了一段时间的电话销售。电话刚接通，还没等说完一句话，便被人挂断，那种自尊被人踩在地上的感觉，这辈子我都不想再体验一次。"

王姐顿了顿接着说道："所以现在不管打电话找我买房子，买保险的，虽然我不会买，但是我都会将对方的话听完，然后找一个合适的方式将自己的意思告诉他再挂断电话。这样虽然拒绝了对方，你温和的态度也不会让对方心中太难受。"

王姐的话言犹在耳，然而生活中拒绝他人时却伤了他人自尊的例子数不胜数。就像是别人想要请你吃饭，你直接说不去，连个解释都没有转身就走，丝毫不顾及别人的好意和尊严；朋友最近经济紧张，想要和你借钱周转，你一句"没有"，像是一巴掌狠狠地打在朋友的脸上，以后连朋友都没得做；有人喜欢你，热烈地向你告白，你一句"长得这么丑，还敢说喜欢我"将对方的自尊放在脚下踩……这样的心直口快不是你个性爽朗的证据，反而是你情商低下的表现。

但是怎么做才能既拒绝了别人，又不伤害别人的自尊呢？

刘江和张力是同事，两个人很能说到一起，便成了朋友。一天晚上下班，张力想请刘江出去喝酒，恰好这天刘江头疼，身体很是不舒服。看到张力笑嘻嘻地说一起出去喝酒气就不打一处来，冷声说道："成天喝酒有什么意思？我不去，你自己去吧。"说完便拿着东西走了，独留张力脸色铁青地站在原地。从那以后，两人的关系急转直降，张力再也没有找刘江一起喝过酒。刘江心中纳闷，自己到底是怎么得罪张力了？

案例中的刘江，在朋友邀请他出去喝酒的情况下，如果说自己的身体不舒服，朋友不会不体谅，结果他毫不留情地拒绝，丝毫没有考虑到朋友的自尊，还没有合理的解释，才会导致两个人的关系降到冰点。

那么当你的朋友想要来和你借钱、借车、借一切想要借的东西，但是你并不想借给他或者想找你一起出去玩，正好你又懒得动的时候，该怎样拒绝才能不伤及他的自尊呢？

一是说话要客气，语气温和。言语的冷漠给人带来的伤害是巨大的，冷冰的语气更是浇灭对方热情的一盆冷水，什么样的友情也经不起几次三番冷漠地拒绝，所以在拒绝别人的时候，客气一点，温和一点，更能让人接受。

二是拒绝的理由要真实。谎言，在人际交往当中是一颗不定时的炸弹。或许你一开始的目的是好的，但当谎言被拆穿的时候，就会成为友情上的一道裂缝，导致别人再也不会相信你，最后造成彼此关系的破裂。

赵欣是一个很漂亮的女孩，追求者很多。王叶是赵欣众多追求者中的一个，只是他人长得普通，而且钱也没有很多，只是有一份稳定的工作。但是王叶很喜欢赵欣，对赵欣倍加呵护。赵欣舍不得这份温情，明明知道王叶的心思，也不明确地拒绝。直到有一次，王叶下定决心，在赵欣的公司门口布置了一场浪漫的求婚。赵欣看着旁边指指点点的同事和跪在地上的王叶，气得口不择言地说道："你有车吗？有房吗？你也不看看自己什么样子，就敢和我求婚？"说得工叶头都抬不起来，最后满脸羞愧地走了。

赵欣明明不喜欢王叶，却不明确地拒绝，等到王叶和她求婚了，又出口伤人，这是可耻的。有人喜欢，是一件很幸运的事情，我们不应该去伤害。但是如果这个人不是我们喜欢的怎么办？

首先，拒绝要早。时间越长，对方越觉得有希望。若是你真的不喜欢这个人，表明自己的态度，不要犹豫不决。

其次，你的态度要坚定。喜欢就是喜欢，不喜欢就是不喜欢，没有人喜欢当备胎。如果你确实不喜欢这个人，就明确地和他说明，不要给对方希望。

最后，拒绝的时候要注意场合。提前给对方一个提示，约到安静的地方将事情说明白。不要在人多的地方，你的拒绝已经很让对方伤心了，若是还在人多的地方，便是将对方的自尊也踩在脚下。

对于电话销售，卖保险，发小广告的，我们也不要冷言冷语，甚至破口大骂。换位思考一下，如果位置对换，你就会明白别人粗暴地拒绝会让我们心中多么难受。生活中，谁都不容易，温柔一点，然后礼貌地拒绝，会让别人感受到人情的温暖。

4. 怎样与上司"唱反调"才不是找死？

上司的提案漏洞重重，若是真的将这个提案交上去，谈好的客户很可能要砸。你急得抓耳挠腮，立刻冲到办公室对着上司的提案一顿批判，上司明面上夸奖你性格耿直，做人细心，能够及时发现问题，转过头来就给你穿小鞋，从此你的职场生涯黯淡无光，升迁机会飘然远去。

古往今来，这样的例子屡见不鲜，在不恰当的时机和上司"唱反调"无异于在你人生的道路上亲手放上一块绊脚石。

李辉是一家公司的骨干，因为他工作能力突出，很得老板的倚重。李辉便自傲了起来，若是下属有什么地方做得不好，劈头盖脸便是一顿臭骂；而对于老板提出的一些方案，李辉常常嗤之以鼻大加批判。只不过老板看在李辉这么多年对公司做出贡献的情分上，并没有和李辉计较。

这天，老板和一个很重要的客户谈合作的事情，但是客户要求公司必须提供一份切实可行的计划。老板当场便答应了下来，同时将自己心中对于合作事宜早有的打算说了出来。老板刚说完，客户还没有提意见，李辉就先叫嚷了起来，说道："老板，你这个计划这里有问题呀，如果真的这样做，对公司根本产生不了任何收益……"

听到李辉的话，客户也说计划确实不太合适，有机会以后再合作。重要的合作机会就这样泡汤了，等到客户走了之后，老板黑沉着脸看着李辉说道："从明天起，你就不用来上班了。"

李辉有些茫然，自己只是习惯性地和老板唱一下反调，怎么就把工作给丢了？

李辉不分场合地乱给老板提意见，导致公司丢了一个大客户，给公司造成了巨大的损失。换作你是老板，遇到李辉这种没眼色的员工恐怕早就炒他鱿鱼了。

在当下，你和你的上司唱反调，可能丢的仅仅是一个饭碗。若是在古代，你敢明目张胆地和上司唱反调，绝对是找死的行为。

君不见，那"成也萧何，败也萧何"的名将韩信，那"秦之文章一人"的秦相李斯，那一代的名将贤臣：白起、岳飞、晁错……任你才高八斗，学富五车，一旦明目张胆地和他们的"上司"唱反调，最后只落得个身首异处的下场。

当然，这并不是说让你做一个喜欢阿谀逢迎，为了讨好上司一点自己的主见都没有的小人。俗话说得好，条条大路通罗马，不妨换一个思路。劝谏上司不一定非得直言不讳，有时候

委婉表达，会取得更好的结果

你要明白在职场上，即使你想直言进谏做魏征，但不是每一个上司都是能够包容你的唐太宗。没有人喜欢听难听的话，就算是领导也不例外。忠言毕竟逆耳，不中听的话说得多了，即便是再大度的上司也会腻烦，而你便成了上司眼中不堪造就的人。

当我们需要和上司唱反调的时候，我们要注意以下几点：

一是注意语气。毕竟是提出反对意见，你要先请求许可，比如说"对于这个提案，我有些不同的想法，您可以听听看吗？"若是得到了许可，再将你的想法清楚地表达出来。坐到老板位置的都不是傻子，若你的想法是对的，为了公司的利益，他会同意的。

二是不要随意评判。不要对上司提出的方案随意批评，你可以说出你的看法，但是不要说上司的方案不好。这是一个职场人最基本的守则。

三是认可上司选择。最后当上司做出选择之后，你一定要认可。可以说一句："我知道您才是做最后选择的人，我听您的。"摆清楚自己的位置。

5. 避免与人进行无谓的争辩

电视剧《武林外传》有一集白展堂和佟湘玉吵架的情节让人印象深刻。两人围绕着"你无情，你无耻，你无理取闹……"吵了一晚上，最后天亮了也没有吵出什么结果来，或许这个时候他们两个人已经忘了当初吵架的初衷是什么了。

无谓的争辩，实在是一个让人觉得乏味的东西。它除了能够让两片嘴皮子上下翻飞之外，对于要解决的问题实在没有一点意义。

而一个总是要在言语上压到别人的人，无论什么事情总喜欢和别人争得面红耳赤，不得不让人怀疑他的情商是否在线。

王海刚刚大学毕业，好不容易找了一份福利待遇还不错的工作。只是工作的地方有些远，为了上班方便，王海便决定在公司附近租房。看了很多，好不容易找了一个交通方便、水电也挺齐全、各个方面都合心意的房子，王海便联系了房东。因为对房子很满意，签合同的这天，王海直接将自己的行李也都搬了过来。

事情就出在了这里，王海将行李都搬上楼之后，皱着眉看着略小的房间问道："这房子有 20 平吗？"

"当然有！"房东立马肯定地说道。

"是吗？我看最多只有 17 平？"

"房子你不都看好了吗？再说这个房间就算 17 平你住起来

也绰绰有余了。"

　　若是一般人听到这里恐怕就算了，反正房子已经租了，差个两三平方米的也没多少。可王海偏偏觉得自己没错，非要和房东争个高下，不依不饶地和房东争辩，非要测量一下，结果确实是不到 20 平方米。王海得意地看着房东，房东却烦了，大手一挥，房子不租了。

　　租好的房子泡汤了，王海只好每天奔波上下班。后来在工作中也喜欢与同事争辩，连试用期的考核都没通过便被公司辞退了。

　　上面故事中的王海，就算和房东的争论赢了，却失去了一个上班方便的住处。而在后面的工作中，他和同事的争辩无论是否胜利，都注定了他要失去这份不错的工作。

　　当然还有一种蠢人，最喜欢做的事情竟是和领导争辩，大有一种"明知山有虎，偏向虎山行"的大无畏精神，似乎只有这样才能显示出他不畏强权、遗世独立的高雅之风。

　　一个情商正常的人，永远不会和人进行无谓的争辩。无谓的争辩除了牵扯你的精力在无用的事情上，对你的人生没有任何益处。

　　班杰明·富兰克林说过："如果你老是抬杠，反驳，也许你偶尔会获胜，但那是空洞的胜利，因为你永远得不到对方的好感。"就算你在争论中可能是有理的一方，但是你若想改变别人的主意，就大错特错了。因为人的天性使然，对方也会坚持自己是正确的，绝不会轻易向你俯首认输。

从前有两个学富五车的老人。两个人都坚持自己学的才是正经的学问，对方学的是假道学，为此争执不休。实在吵不出结果，气愤之下便去找孔子评理。

孔子看了看争得面红耳赤的两个老人，走下台阶，对着两个老人鞠了一个躬，说道："学问宽广如海，何必纠结于哪一个是真，哪一个是假？在我看来两位老人家都学富五车，才高八斗，都是正经学问。就连我，也素来仰慕两位，怎么可能是假道学呢？"

两人听了之后，欢天喜地地走了。

走后，孔子的学生质问孔子："先生，你什么时候变成这样一个马屁精了？"

孔子回道："这两位老人就算是争到天荒地老也不会有结果。若是我较那个真，肯定也要被卷入进去，对我来说没有任何意义。遇到这样的人，还是赶紧打发他们走就是了。"

你看连孔圣人都不愿卷入无谓的争辩当中，更何况是普普通通的我们。聪明人从来不做无谓的争论，简直是伤心又伤身。那么我们在生活中，如何去避免无谓的争论呢？

首先，要心胸开阔，能够接受不同意见。海纳百川，正是因为有不同的声音，世界才精彩。即使别人指出了你的错处，也不要记恨，不去争辩，敢于接受，勇于改正，这样才能变得强大。

其次，尊重他人。出现分歧的时候，第一反应不是急着打断对方的话，去反驳对方。先听对方说完，然后再将自己的想法清晰地表达出来。尊重他人，就是尊重自己。

最后，注意场合。不要在公众场合和别人争吵，给双方都留有余地。若是遇到对方情绪特别的激动，这时候不要和对方争辩，保持沉默，等到对方平静下来之后再沟通，往往能够取得更好的效果。

6. 善用幽默表达你的不满

有一位女士非常挑剔，有一次她去一家饭店吃饭，点了一份煎鸡蛋。要求便是：蛋白要全熟，蛋黄要半生，还必须能流动，不要太多油，少放盐，放点儿胡椒。对了，还有鸡蛋一定要是乡下快乐的母鸡生的蛋。

侍者看着女士笑着说道："请问一下，女士，那只母鸡的名字叫作阿珍，可和您的心意？"

聪明的侍者，没有直接对挑剔的女顾客表达不满，而是按照对方的思路提出了一个更荒唐的想法，幽默地表达了自己无法完成女顾客的要求，完美地解决了一场极可能爆发的工作危机。

当你对一个人产生了不满情绪的时候，直白说出来太伤感情，换一种方法，用幽默的方式表达出来，既不会伤害到对方，也能够让对方意识到自己的举动有不合适的地方。

王伟是一个十分擅长幽默的人。一次公司的同事出去聚会，大家坐在一起聊天。王伟想把自己在工作上的一些心得拿出来和同事们分享一下。话刚刚起了个头，便被公司的新来的同事孙飞插话打断了，孙飞接着说起自己的事情。

王伟皱了皱眉没说话，好不容易等到孙飞说完了，王伟才接过话头继续说了起来。刚说了几句话，又被孙飞打断了。再三地被人打断说话，王伟心中很是恼火，不过王伟并没有朝着孙飞发火。而是站起来说道："孙飞，这说话就跟去火车站买票一样，都是要排队的哦，请不要在中间插队，等我说完了你再继续说，好吗？"

大家听了哈哈大笑起来，就连孙飞也红着脸不好意思地挠了挠头说道："对不起，王哥。是我的性子太急躁了。"从那以后，王伟和孙飞的关系也好了起来。因为孙飞说王伟在众人面前给他留了面子，是一个值得相交的人。

王伟用幽默表达了自己的不满，在不伤害孙飞自尊的基础上将话题重新聚焦在了自己的身上，还在同事们的心中留下了睿智的形象。

当你要表达不满的时候，说出来的话势必是难听的，伤人的。在这个时候，为你不满的话套上一层幽默的壳子，便能够给对方一个台阶下。幽默的魅力就在于此，有话不直说，拐一个弯却不会给人任何不适的感觉，让人通过曲折含蓄的表达方式领会到你的意思。

比如说，一个人应邀到一个非常小气的朋友那里吃饭。朋友招待的特别差，就给了一碗白饭，一碗咸菜，一小杯米酒。如果换作是你，看到这么简单的饭食，是不是早已经恼火，站起身甩袖走人？

　　然而这个人并没有，而是在临走的时候，恳请朋友在他的左右两边的脸上各打一个耳光。朋友疑惑不解。他说道："是为了让我媳妇看到我两腮通红，以为我已经吃饱喝足了。"听到这句话，朋友只觉得那两个耳光是"啪啪"打在自己脸上的。为自己竟然对朋友如此吝啬感到羞愧。

　　当然这只是幽默的一种作用，它不仅仅是我们人际交往中无往不胜的利器。事实上，幽默是一种智慧，一种艺术，更是一种人生的态度。卢那察尔斯基说过："幽默是一种温和的笑，是这样一种情绪，就是您所嘲笑的人又可笑又可怜，或者您虽然觉得他可笑，但是又必须谅解和宽恕。"

　　幽默的价值并不仅限于让人开怀大笑，更多的时候，幽默还可以帮助我们化解尴尬。

　　丘吉尔作为英国的首相被我们熟知。在丘吉尔刚当上首相不久，亲赴美国会见罗斯福。在丘吉尔到达的第二天，罗斯福一大早就来拜访。恰巧碰到丘吉尔刚刚洗完澡，全身赤裸地走出浴室。

　　罗斯福一看这个情况不对啊，立刻困窘地要往外面走去。丘吉尔却是落落大方地将罗斯福叫住，神情自若地说道："看，英国首相对美国总统可是'坦诚相见'，绝对没有一丝的隐瞒啊。"

　　罗斯福立刻笑着说道："没错，你说得好！"

机智幽默的语言，很好地化解了两国领导人会面的尴尬，而且丘吉尔一语双关，充分地展露出英国人对美国人的那份坦诚以待的诚意。

事实上，生活中很多负面的事情，如不满、尴尬、争辩、讽刺……都能够用幽默化解。幽默不仅仅是一种说话的艺术，更是人际关系的润滑剂，培根说："善谈者，必善幽默。"一个懂得幽默的人，往往会给人带来如春风拂面的舒适感，能够在人感到轻松愉悦的时候，迅速拉近人与人之间的关系。

7. 暗示法，让对方意识到自己错了

当我们发现别人错误的时候，总是迫不及待地去指正。"错了"，"这样说不对"，"不应该这样做"……然而如此直白的言语，即使错误得到了纠正，往往会带来一些负面的效果。如：伤害到别人的自尊心、伤害了朋友间的感情或者伤害了员工工作的积极性等。

可是作为朋友，你不忍心看着你的朋友在错误的道路上一去不返。作为同事，你不能忍受共同奋斗的同事犯了错误拖了大家的后腿。作为领导，你不能忍受你的下属交给你的提案错误百出导致公司失去一个大客户……这么多的"不能忍"憋在

心里难受，一吐为快又害怕伤害到别人。

事实上，完全不必苦恼，能够达成目的的方法并不是只有直来直去这一种。如果我们能够以开玩笑的方式，和对方说点儿俏皮话，既能起到暗示对方、让对方认识到错误的效果，又不会因为犀利的言辞伤害到对方的自尊心。

美国第三十届总统柯立芝刚上任的时候发生过这样一则趣闻。聘请了一位年轻漂亮的女秘书协助他。可惜的是，她的能力和她的美貌完全不相配，工作屡屡出问题。不是打错了字，便是记错了时间，给柯立芝的工作带来了很多的麻烦。

有一天，女秘书穿得很漂亮，一到办公司，柯立芝就开始夸奖她的衣服很好看，完全将她的美丽展现了出来。女秘书听了简直受宠若惊，要知道总统一般很少夸人的。

柯立芝接着说道："我相信你的工作也会像你的人一样，都办得非常漂亮。"

女秘书听完很是羞愧，在那以后，她的工作果然都做得很漂亮，再也没有出现什么错误。

每个人指出别人错误的出发点都是善良的，因为不想看着对方误入歧途。但是生活中，我们不是度量超凡的圣人，即使是再有涵养的人，面对别人批评，心中也会难受。然而用高明的说话技巧，温和地指出错误，既不损伤对方的自尊，又可以让对方意识到自己的错误。

你可能反驳，我绝对不会这样，我是一个能够虚心接受别人批评的人。但是当你做一件事情的时候，本来想要得到别人的夸赞，结果别人却将你做的事情批得体无完肤。这个时候你心中还能云淡风轻吗？

既然我们自己做不到平静地接受直言地批评，那么，当我们指正别人错误的时候，他们的心理活动同我们是一样的。

暗示法，无疑给那些不懂得转弯的人打开了一扇新的大门。所谓的暗示法，便是对事物表达自己看法的时候，不是通过直说，而是通过影射、引用别的话题让对方能够领悟自己的意思，并达到幽默的效果。

暗示法可以批评，可以讽刺，它像是一支神来之笔，可以让生活中的尴尬化于无形。

罗西尼是意大利一位很有名望的作曲家。有一次，一位作曲家带着自己做的曲子去向罗西尼请教。在演奏的过程中，罗西尼不断地脱帽。

等到曲子演奏完了，作曲家问罗西尼："先生，是屋子太热吗？"

罗西尼说道："不，只是我有见到熟人脱帽的习惯，刚刚在阁下的曲子里，我碰到了那么多的熟人，不得不连连脱帽。"

对于一个真正的音乐人来说，抄袭无疑是可耻的，是对音乐的不尊重。罗西尼利用暗示法中的影射，用幽默的"不断脱帽"的动作和"碰到熟人"向作曲家委婉暗示了自己的批评。

除了影射，暗示法有很多的技巧指值得我们学习。

当你去朋友家吃饭，朋友却一直拉着你听音乐，还非要问你世界上最好听的声音是什么，你怎么办？对，这个时候就用巧借话题来暗示对方："世界上什么声音都比不上饭勺刮着碗碟的声音好听。"让他意识到这个时候最应该做的事情不是听歌唱曲，而是吃饭。

其实很多时候，暗示法的根本就在于我们的弦外之音，例如：今天你的夫人做菜做咸了，直接说你做得饭菜不好吃，多伤人心，甚至你的夫人一气之下说以后你自己解决吃饭问题。但是如果你问一下：亲爱的，家里还有盐吗？我还以为家里的盐都放进了汤里了呢？你的线弦外之音便是想告诉妻子汤太咸，亲切又幽默，远比质问好得多。

所以，在人际交往中，说话直截了当虽然证明你性子直，不拐弯抹角。但是往往这样的话最伤人。所以当你想要给别人指正错误的时候，不妨学一学暗示法，给彼此之间都留一个台阶。

8.居高临下的说教，让人很受伤

居高临下，常常对应的是隔岸观火，意味着这个人对你并不是很关心。

若是你犯了错的时候，他做的第一件事情并不是帮助你解决这个错误，而是站在高处喋喋不休地对你说教，就像是他最有能耐，然而这样做对问题的本身没有丝毫的帮助。

若是你受到了表扬或者获得了成功，他自然又要换另一幅面孔，高高在上地说，"一次成功不并代表什么，不要骄傲自满，做人要谦虚"……使劲儿往你的头上泼冷水，力求让你承认你不如他。

事实上居高临下地关心，本就是已经把自己放在了高人一等的位置上，打着道德的旗号，来满足自己的优越感。这样的姿态，只会让被说教的人受伤。

公司里的悦悦是一位美丽、温柔非常乐于助人的女孩，公司里的同事都夸奖她，"这么好的姑娘，若是谁说她有问题，绝对是那人自己有问题。"然而公司新来的同事吴欣却不这样认为。

吴欣说，她刚来的时候，见到悦悦确实有一种如沐春风的感觉，悦悦对她很友善，因为吴欣是新人便非常照顾，有什么不明白的地方，悦悦也会耐心地帮着解答。但是一件事情改变了吴欣对悦悦的看法。

吴欣发现，悦悦的热情只局限在办公室，一旦到了私下，整个人都变得冰冷起来。若是吴欣做错了事情，便冷冰冰地一番说教。

有一次，吴欣的工作能力突出，得到了领导的表扬。吴欣很是高兴，想要找悦悦分享一下喜悦，表面上悦悦和吴欣说了声恭喜，然而到了私下却指责吴欣不要因为一次的表扬就被冲昏了头脑，直接浇了吴欣一头冷水。

从那以后，吴欣便远离了悦悦，因为在和悦悦的交流过程中，吴欣很难找到一种平衡感，尤其是当悦悦对她说教的时候，她总是感觉矮了悦悦一头。

生活中，没有谁是谁的"上帝"，而你站在上帝的视角对着别人居高临下地说教，事实上是一种隐性的得罪人的行为。你觉得是关心，别人还会觉得你是多管闲事。

人是一种很复杂的动物，不管和你关系多好，都讨厌他人对着自己指手画脚。换位思考一下，如果换作是你，好不容易做了一件事情，有个人跑过来指手画脚地说你这样做不对，你是不是想立马打他一顿，跟他说一句"关你什么事？"。

居高临下地说教，就是别人不但要忍耐你在那儿喋喋不休，又要听你花了半天的时间就是为了证明是他犯了错误，白费力气，或许没有一个正常人会喜欢这种费力不讨好的事情。难道你还真的幻想能够改变一个人的思想理念和思维结构？

也许你会说，我的本意不是说教，而是关心他，那你是否注意过你说话的语气。例如：你的同事工作出色，拿到了公司的奖金。你祝贺他，拍了拍他的肩膀，赞许地说道："做得不错。"同事立刻就拉下了脸，心想你是谁啊，我做得好不好还用你来评价？明明是夸奖的话，却惹同事不开心。就因为你是站在比同事高一层的角度，给同事居高临下的感觉。若是你说的是"真棒！我要是像你这样厉害就好了"，就会完全避免了这种问题，同事也一定会欣然接受你的祝贺。

生活中，真正的居高临下的说教会给人造成伤害，然而这种明明是关心祝贺，却因为语气的问题给人造成居高临下感觉的行为，同样让人受伤。

方宇失恋了，整个人都失魂落魄的。宋霖是方宇的同事，两个人经常合作项目，因此关系也处得比较好。宋霖看着方宇这个样子不行，就约了方宇下班以后去喝酒。宋霖安慰说道："不就是失恋了吗？女人如衣服，你长得这么帅，肯定能再找一个更好的。没事的哈，哥是过来人，这点小事喝点酒回去睡一觉就好了……"

方宇看着宋霖在那儿喋喋不休的样子，心想：敢情你失恋的是小事，我失恋了是也得是小事儿？真是站着说话不腰疼。

闷闷地喝了两杯酒，方宇站起来就回家了。之后和宋霖的关系也没有以前亲近了。

宋霖明明是好心去安慰方宇，为什么还惹方宇不高兴了？其实，就在于宋霖说话的语气，他的话是站在高处对方宇失恋这件事情的评断，这在人际交往中就是一种"越界"。若是宋霖说"我过去也失恋过，我十分理解你现在的感受，那感觉真是锥心刺骨"，和方宇站在同一战线，方宇的心中会好受很多。

所以如果你真的关心这个朋友，便不要居高临下地在那儿说教，不管是有意无意，去做点儿有实际意义的事情帮助他吧。

9.在反驳别人之前，先给予肯定

当你提出一个观点的时候，你的心中急切地渴望被别人认同，结果对方连想都不想便提出了反驳，你就像被人浇了一头冷水，兴致高昂的谈兴立马被熄灭。你的心中不会觉得那个反驳你的人是多么聪明睿智，只会在心中暗骂此人情商低，不会做人。同样的道理，你之于别人也是如此。

公司根据业务需要，新成立了一个工作小组，高云鹏被任命为这个小组的组长。但是工作了一段时间之后，高云鹏发现下属的工作越来越敷衍，他工作起来有些力不从心。

有一次，公司派了一个新任务给高云鹏的小组，高云鹏让大家各自写一个提案，然后开会决定用哪个方案？

等到开会的时候，同事们的方案还没有说完，就被高云鹏打断了，然后提出了一大堆的反对意见。

"你这个方案这么写，怎么能拿到客户面前？"

"这里根本没法看，和咱们公司一点儿关系都没有，我真是不知道你们脑子里成天在想什么？"

"你这样不对，方案的立脚点就错了。"

……

在高云鹏滔滔不绝中，同事们的脸色变得越来越难看。最后有一位同事实在忍不下去了，说道："你这么厉害，你来写啊。"在高云鹏呆愣的时候，四个同事气呼呼地走了。

最终，会议不欢而散。

没有人愿意承认自己是错误的，每个人心中都固执地认为自己才是正确的，恨不得将自己看成世界的真理。在这种固有的思维基础上，没有人会和颜悦色地去面对一个老是反驳自己的人。

君不见，那些在生活中不论什么事情都喜欢反驳别人，将自己的观点强加给别人的人，总是会惹怒对方，然后彼此争个脸红脖子粗的，既不雅观又破坏心情。

通过换位思考，我们也明白，我们是不可能去强迫任何人同意于自己，更不可能将自己的观点强加在别人身上。

当我们与别人有了不同意见的时候，我们能做的只是去引导对方，而且要注意态度足够温和友善。比如：我们在交流中想要反驳对方的时候，先友善地表现出自己很认同对方的观点，并且真诚地表达出我们觉得他的观点好在哪里？这样做会先消除对方心中的戒备，为我们接下来的转折做铺垫。

我们要注意，说反对的话的时候，语气要委婉，不要直来直去。生硬的反驳之语不仅给人一种强势的感觉，而且还会伤害到对方的自尊心。如果要反驳别人，我们不妨将"你这样是不对的"改成商量的语气。比如说："你的观点很好，不过我觉得是不是可以那样，说不定那样会更好呢？你再想想。"或者说："我们能不能换一个角度来考虑？你看那样行不行？"

像这种商量的语气，不会给人强烈的压迫感。这不仅是一种对别人的尊重，还是一种礼貌，同时也是一种让我们能够赢得别人好感的说话之道。当我们尊重对方之后，即便对方不想接受我们的意见，也会给你的意见充分地尊重。

"先肯定对方，再反驳对方"尤其适用于职场之上。对于身处职场的人来说，这种说话方式能够让我们更好地发言，并不至于损害与同事之间的关系。就像上述案例中的高云鹏，如果他在反对同事的方案之前，先肯定同事方案中的闪光点，最后也不会闹得不欢而散。

事实上，在人际交往中，别人也会喜欢我们这种懂得照顾他人情绪的做法。如此，我们给足了别人面子，还能让自己的想法表达出来，何乐而不为呢？

我们要明白，我们反驳别人的前提是为了尽量让对方接受我们的意见。所以无论遇到任何事情，在面对意见相左的情况下，我们尽量用商讨或询问的口吻，不要用命令或过于绝对的语气，以免给对方造成不适或者心中排斥。

而且这种说话方式，还能够让我们随时保持冷静，有足够的时间思考接下来要说的话，能够减少说错话的几率，并且会让我们赢得其他人的尊重。因为在这种情况下，哪怕对方的观点是错误的，并且被我们反驳掉了，对方也会"心服口服"，在接受我们的观点之余，还会感叹我们让人舒服的说话之道。

10. 让"逐客令"变得有人情味

当你只想一个人安静地待着，或休息，或看书，那些不请自来的"好聊"分子扰得你心烦意乱；当你有急事儿要出门，那些没有眼色的人依然在那儿唠唠叨叨，没完没了，越说越起劲，丝毫看不懂你敷衍的神色……如何"逐客"？

主人："我现在没空，你可以走了吗？"

客人："我不过是想找你聊会儿天，这么不给面子。"

当我们听到这样冷冰冰的"逐客令"的时候，只觉得一时之间热血直冲大脑，手足无措而又尴尬，最后落荒而逃。换位思考，你的客人面对这样冷冰冰的"逐客令"同样是如此的心境。

在很多时候，别人来找我们，是觉得我们是他的朋友。他并不知道他的行为已经影响到我们了，但我们若是明说出来，肯定会让对方没面子。所以，隐晦曲折地表达出自己的意图非常重要，既能维护彼此的情感，又不至于让自己的事情拖延。这时候，一条有人情味的"逐客令"，可谓两全其美。

比如，公司要新派给你一个任务，恰好你的朋友说有一些烦心事想要和你诉说。你就可以这样和对方说："今天晚上我有空，咱们可以好好畅谈一番，不过，从明天开始我就要全力写方案了，争取能在后天完成，要不老板该批评我了。"这句话背后的意思其实就是想要告诉对方："请您从明天起就别来找我了，我没有时间。"但是你如此说，对方不仅会觉得听起来非常顺耳，而且也会为你特意抽出时间陪她而感动，你们的友谊也会更加坚固。

或者，你有急事儿要出门的时候，恰好有客人上门。你直冲冲地和对方说："我现在有事，没时间招待你。"不但伤害了对方的面子，也浪费了对方对你的情谊。你可以这样说："现在有一件急事儿需要我去处理，大概多少个小时就能处理完，不如晚上我请您吃饭。咱们也好久没见了，正好说说知心话。"

这种商量的语气可以向对方传递一种明确的信息："你现在上门的时机不对，还是早离开的好。"但是你拒绝的话，不仅维护了对方的面子，而且还约定了下一次见面的时间，对方也不会生气。

有人情味的"逐客令"不仅适用于生活当中，也可以应用于职场上。

当你正忙于工作的时候，你的同事想找你分享一件事情。你和对方说："你打扰到我了。"很容易就会得罪对方，难保在以后的工作中对方会给你穿小鞋。如果这时候你有礼貌地和对方说："我现在手头上有一些紧急的工作要处理，不如一会儿我忙完了，咱们一起去和个下午茶。"只要对方是通情达理的人，便会适可而止。

孙建连加了半个月的班，工作终于马上就要结尾了。越到最后，孙建心中越有些急躁。同事刘航因为是做的前期，现在正好闲着，便过来找孙建说话。

刘航在旁边叽叽喳喳的，严重干扰到了孙建的思绪。想要发火，孙建又想到刘航是公司的同事，每天低头不见抬头见的，若是吵架肯定闹得不好看。而且，两人的关系还不错。

平复了下心情，孙建对这刘航说道："今天工作就能结尾了，部长说交上去之后请咱们小组的人出去吃大餐，如果你再在我旁边说话，今天的大餐可就吃不着了哦。"

刘航听了，不好意思地笑了笑，赶忙闭上嘴，回到了自己的座位。

当有朋友到家里做客，彼此交流思想、促膝长谈、增进友情是生活中的一大乐事。但是当我们想安静的时候，对于"不识趣"的人，心里就会很想对其下"逐客令"了。

但是，怎样去下"逐客令"，才能够既不伤对方的面子，有达到我们的目的呢？

首先，借口"我正要出门"。若是"话唠"上门，避免深受其害，我们可以快速换好衣服，打开门后一脸遗憾地说："哎呀，不知道你要来，我正打算出门呢。"这种时候，客人也不会厚着脸皮要我们取消外出办事的计划，让我们陪她闲聊。

其次，以"写"代"说"。有些人对婉转的逐客令可能会意识不到，对这种人，我们可以用"贴字条"的方法来代替语言，让对方一看就明白。根据具体情况，像："孩子即将参加高考，请客人多多关照"等字条，对方也会理解，然后尽快离去。

最后，以"热"代"冷"。我们可以用热情的语言、周到的招待，来代替自己冷若冰霜的表情。如：沏好香茗一杯，摆好瓜子、糖果、水果。规格越高，对方越容易不好意思。

第四章

对不喜欢的人和事，
换个角度获得全新视角

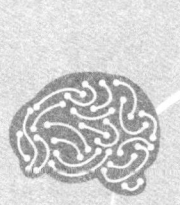

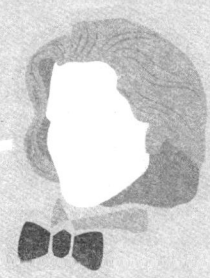

1.拒绝"先入为主的偏见"

对于我们不喜欢的人或者事，我们习惯先人为主，凭着自己的意思肆意揣摩。在不了解事情经过的时候，人云亦云，认定我们所知道的就是事实。那么真相到底如何？

电影《十二公民》中，十二个来自社会上不同职业的人，针对网上疯传的富二代杀父的案件展开讨论，然后得出一个最终结果——有罪或无罪。在讨论的过程中，因为先入为主的偏见，透露出来的地域歧视、网络暴力、仇富、欺软怕硬等现象，更是让人触目惊心。而这些现象，却恰恰都是现实中真实存在的。

学者陈丹青说过："不从众，保持独立人格、坚守个人的价值观，这在中国，非常难。"人们喜欢人云亦云，习惯根据自己的固有印象给他人贴标签，比如"漂亮女孩认干爹就是被包养了"，"看到某地区的人第一反应就是这个地方的人都是坏人"，"农民工就是没素质"，"富人赚了那么多钱一定是用了不正当手段"……我们以为看到的就是真的，毕竟"眼见为实"，却不知道我们"先人为主的偏见"有时候足以"杀死"一个无辜的人。而电影《搜索》中的叶蓝秋之死告诉我们：你看到的不一定是真相。

在一个普通的清晨，一名叫叶蓝秋的女孩在公交车上因为不给老人让座，还指着腿口出狂言："要坐坐这儿"的事情，被乘客集体指责，后来视频被人发到网上，人们不去寻求事实，反而义愤填膺地谴责叶蓝秋道德沦丧。尊老爱幼是中华美德，这个女人明明这么年轻，凭什么不给老人让座？

等到后来叶蓝秋被老板的妻子误认为是小三，人们顿时恍然大悟：怪不得她不给老人让座，原来她本来就是一个无礼、插足他人婚姻的坏女人，简直愧于人。人们纷纷以为自己知道了"真相"，开始对叶蓝秋大加指责，恨不得让叶蓝秋一死以谢罪。最后人们成功了，疼痛和网络暴力让叶蓝秋受尽折磨，自杀了。

事实的真相总是这样打脸，叶蓝秋是因为被查出了淋巴癌晚期，正沉浸在悲伤和恐惧之中才无暇帮助老人，而所谓的小三事件只不过是叶蓝秋向老板请求100万帮助的时候，老板顺便地安慰。人们后悔，自责，自己怎么在不了解事情真相的时候就为一个人定了罪。然而逝者已矣，此时的后悔愧疚除了讽刺没有任何作用。

生活中，每个人都有自己的故事，如果我们愿意花点儿时间站在别人的角度换位思考一下，就会发现我们所处的位置看到的事情，并没有我们想像中那么简单。

《十二公民》中10号陪审员举了一个例子：一个公交车上，

坐的人都是大学生和教授，只有一个是外来的农民工。这时，有人丢了钱包，你们会看谁？

我们下意识地第一反应肯定是去怀疑农民工，无论他是否是清白的。因为我们先入为主地认为大学生就是有文化的，而农民工就是没钱，素质低下的。然而这只是偏见，并不是事实。

先入为主的偏见，往往是不分青红皂白便判定一个人"死刑"。它就像是一双标榜着正义的手，将我们从正常人的范围中拉开。它让原本合理的秩序变得混乱，让错误的人找到可乘之机。更过分的是，它让原本正直的人遭人漫骂，蒙受不白之冤。

幸而《十二公民》的结果是好的，投票结果由11:1到6:6再到最后的12:0.因为人们想到了发生在自己身上的事情，每件事情背后都有自己的苦衷，意识到自己是带着偏见来看这个案子的。

影片中，四号说过："向真理低头，是一件美好的事情"。所以，在影片的最后投票结果达成了一致。当人们一起走出仓库的时候，雨过天晴，阳光洒了下来，意味着若是没有"先入为主的偏见"，我们的生活会变得更加美好。

我们虽然无法躲开人性的弱点，但是却可以拒绝"先入为主的偏见"，选择不一样的眼光来看这个世界。因为当所有舆论都向一边倒的时候，哪怕只有一个人站出来为当事人说句话，也能给当事人带来希望。

2. 世界上没有绝对的坏人

一个人做点好事并不难，难的是一辈子做好事，不做坏事。当一个人一直做好事，一旦他出于无奈或者别的原因做了一件坏事，从此，我们便认为他是一个坏人。

一则新闻讲的是 3 个小伙救了一名落水的女子，警察当面表扬了他们。后来又发现他们偷了一辆轿车里面的财物，警察又把他们抓了回去。我们怎么判断他们是好人还是坏人？

《月亮和六便士》中有一句话："有个智者说过，这个世界，所有的人来的时候都是常人，并没有分好角色。只是后来，因利益和个人好恶，而分了黑白，而有了亲疏，而生了嫌隙。即所谓：你不喜，他就坏。有时候，我们觉得好人不够用，不是坏人太多，而是我们缺失了接纳坏人的能力，以及看清楚这个世界的眼光。这个世界，原本就没有绝对的好人和坏人。"

有一天，李青去某地办事，下了飞机之后搭出租车。由于第一次来这个城市，李青便和司机打听当地的情形。司机除了为李青介绍城市，还说了一些对时局的看法，两个人越说越投机。到了目的地之后，李青一看表上是 175 元。

司机大手一挥，豪爽地说道："看咱俩这么投缘，给 100 就好了。"

"那怎么行？投缘才不能让你吃亏。"说着，李青递过去

200元，"不用找了。"然后，李青便下了车。听到司机在他背后连声喊着"谢谢、谢谢"，李青觉得很是温馨。

等到办完事，李青又叫车回机场。到了机场，一看计程表上的数字是120元。李青奇怪地问道："不对啊，我来的时候打车，表上显示的是175元呀。"

这个司机气愤地说道："肯定是故意拉着你绕远路了，搞臭出租车司机名声的就是这些人，为了钱做人的基本诚信都不要了。"

李青恍然大悟，原来之前那位司机在交谈的时候发现李青是外来客，故意饶了大远路，听这位司机的话，上一位司机简直是坏了良心。但是再想想，上一位司机后来主动说"给100元就好了"，显然是谈得投机，心里过意不去才主动降价。这又是好人了。

有人说，这是个坏人。我们恍然大悟，"哦，原来这是个坏人"，我们不去追究他到底是做了什么事，人云亦云，反正大家不可能都是错的。但是可能这个人只是做了一件坏事，或许对别人来说是坏事，跟我们并没有任何的关系，难道我们就要从头到尾地否定他，将他定义为一个坏人？

就像是：一个人长久以往地坚持做好事，获得了大家的赞扬。然而今天他身体不舒服，心情也不好，在公交车上没有给老人让座，于是车上的乘客纷纷指责他没有公德心，不懂得尊老爱幼。换做是你，你恼不恼火？一件小小的事就将你以前所有做过的好事全盘否定。

莎士比亚曾写过："世上本无所谓好与坏，思想使然。"每一个人都可能有两面性，世上没有绝对的坏人。那么坏人的标准到底是什么？事实上，评断一个人好坏的标准就在我们心中，我们总是按照自己看到和感受到的去评价别人，用我们的思想让他们变成了好人或者坏人。

有一个乞丐经常偷别人的东西，常常被人当街打骂。有一个善人觉得乞丐很可怜，便常常给乞丐东西吃。其他人就劝善人，"这个乞丐不是个好人，常常偷别人东西，你还给他东西吃，不是帮他一起作恶吗？"善人摇摇头说道："就是因为没有东西吃，他才会去偷。"

后来有一天，善人的小孩出去玩到了天黑都没有回来，乞丐也不在。大家纷纷说是乞丐将小孩给偷走了，善人好心对他，他却恩将仇报。就在一片骂声当中，乞丐回来了，怀里还抱着一个孩子，正是善人家里丢的那个孩子。

原来，乞丐白天乞讨的时候，发现一个陌生人将善人的孩子偷走了，乞丐追了好久才将孩子给救出来。乞丐说感谢善人没有因为别人的话就厌恶他，还给他东西吃，所以才会救下孩子来报答善人。

从上述看来，仅仅凭着我们的感官就将某个人定义为绝对的坏人，是不公平的。人性是复杂的，好坏不是绝对。

所以当有人伤害了我们的利益的时候，我们不要立马妄下结论，换个角度想一下，他可能只是无心之失，并不是我们想象中的十恶不赦的坏人。我们不能因为他一次犯错，就将他整个人都给否定。这个时候，我们大度地给他一次改过的机会，也许整个事情都会变得不一样了。

3. 遇到"苛刻"的上司，你该感到庆幸才对

小薇又在微信群里抱怨她的上司苛刻了，说刚刚她给上司看一个文件，结果上司在文件里看到了一个错别字，对她大发雷霆，足足骂了她十多分钟，才让她从办公室里出来。

"不就是一个错别字吗，我改过来就好了，用得着发这么大的火吗？"，"我出他办公室的时候，尴尬得都快抬不起头来了！"……一连好几条长语音，不点开听都能想象得出来小薇话语中对上司的不满。

看到这里我们是不是很同情小薇的遭遇，竟然遇到这样一个严苛的上司。然而换个角度来说，遇到一个"苛刻"的上司，你应该感到庆幸才对，他绝对是你职场的贵人。一个挑剔的上司被喻为"精英制造厂"，虽然跟着他工作的时候痛苦，但是等到你离开他跳槽到别的公司，你就会发现自己已经成为了一个精英。

一个舒适的职场圈里，上司宽容，环境安逸。可是，不是每个人都有居安思危的意识，在安逸的环境久了，人的潜力

很难得到开发，就像温水煮青蛙一样，能力得不到任何的提高。而我们身处职场当中，本就是在经历着一场没有硝烟的"战争"，这样的你拿什么来和那些经历了狂风骤雨的精英们竞争？

梅子大学毕业以后便进入了一家外企，不幸的是她遇到了一个简直可以称作"变态"的上司。刚入职的时候，梅子做的是助理的工作，她花了三天做的PPT，被她的上司批得体无完肤，说是毫无特色，抓不住重点，言语激烈的让梅子简直承受不住。而上司规定的一系列规矩在梅子看来简直是无人性可言。

每当这个时候，梅子就特别羡慕自己最好的同学小兰。小兰工作之后遇到一位特别宽容的上司，若是她业务上出了什么错，领导温和地和小兰讲清楚就完事了，从来不会批评她。而且实习的时候工资就五千多，工作还不累。

梅子常常和小兰说，如果自己也能遇到一个这样宽容的上司就好了。三年的时间转眼过去了，小兰依然在那个公司里面不温不火，工资涨到了六千多。反观梅子，在"苛刻"上司的训练下，迅速成长，跻身到了公司的中层，工资也涨到了两万多。

上司的"宽容"就像是一把温柔的刀，无形中斩断你通往高薪的道路。当你每天都在重复着毫无挑战的工作，不必担心领导的"找茬"，你就应该警醒了，因为这个时候你随时都可能被别人取代。

一个"苛刻"的上司，看似对你百般刁难，但是换个角度来说，他也是你成长的助推剂。为了应对挑剔上司的责难，你就必须打起十二分的精神去做事。因此你便会对自己的要求越来越高，在成长的痛苦中不断挑战自己，久而久之，你便成为了别人口中的精英。

一个私企的高管常常被下属骂做变态，他能做到什么地步：他会拿着尺子去量公司文件的字行距，要求会议室的茶杯必须整齐地排成直线，要求钉书针钉书必须成四十五度角……然而被他折磨过的下属，工作起来认认真真，行事落落大方，即使是跳槽了也会受新公司的重用。

华为老总任正非的脾气在业界里很是出名，对待员工要求很严格，即使是对待高层干部，态度上也绝不宽容。有一次，有部门干部准备了第二天开会时候要汇报的提纲。任正非拿起了几个副总准备的稿子，看了没两行，就"啪"的一声扔到了地上，厉声问道："你们这都是写了些什么玩意儿！"接着就骂了起来，足足骂了有半个小时，连总裁办的主任都当场骂哭了。任正非给员工提出了16项高标准，而能够培养出"狼性文化"团队的人，能有多宽容？但是有谁说不想进华为？华为出来的精英，哪一个公司会不抢着要？

很多时候上司的苛刻，多少有点"恨铁不成钢"的味道。他愿意去挑剔你，证明你还有被造就的希望。没有任何一个上司愿意将时间浪费在一个"烂泥扶不上墙"的下属身上。

当你的上司对你不够宽容的时候，这个时候你要做的事情不是用目光去仇视他，而是应该真心感谢他，因为是他让你在本来想要享受安逸的时候，鞭策你不断前进，让你无惧职场前行路上的荆棘。

4. 尝试去发现你不喜欢的人身上的优点

《笑傲江湖》中，金庸曾写道："自君子看来，天下滔滔皆是君子，而自小人眼中看来，天下无一不是小人。"

当我们不喜欢一个人，便连同他的一切都全盘否定。就像是：一个人拥有很强的行动力，在讨厌他的人眼中却成了一个急性子，爱出风头的人；一个人明明拥有的是决断力，在讨厌他的人眼中只觉得他强势，不饶人；一个人明明是思维缜密，在讨厌他的人眼中就是说话喜欢拐弯抹角……

公司新来的同事艾米，个性爽朗，业务能力很强，相处了一段时间，同事们都很喜欢她。小敏却常常向同事抱怨艾米，"刚来就这么锋芒毕露，真是爱抢风头"，"敬酒的时候将酒杯放得很低，装作很有礼貌"，"经常送别人零食吃，用这些小恩小惠收买别人，真是有心机"……隔着老远，都能感觉到小敏身上对艾米的怨念。

俗话说得好："善于和别人优点相处的人，必然心胸广阔；总是盯着别人缺点相处的人，往往心生幽暗。"当你不喜欢一个人，并不是他的身上真的没有优点，而是因为你不喜欢他所以看不到他身上的优点。这样的你，往往心中充满了负能量，你身上的消极情绪也会将周围的人越推越远。

有一位心理学家说过："你喜欢的人身上有你的光，你讨厌的人身上有你的影子。"这句话在科学上还有一个专业术语叫作"心理投射"，意思就是你喜欢的人身上有你羡慕却没有的东西；而对于你讨厌的人，事实上是把自己所不能接受的性格、意念、欲望……转移到别人身上，否定并加以指责和批评。

《尚书大传》曰："爱人者兼其屋上之乌，不爱人者及其胥余。"当你讨厌一个人的时候，就连他家的墙壁你都厌恶。然而这种厌恶的情绪却能影响你对一个人准确地判断，也许你不喜欢的那个人，未必是真的令人讨厌。

孙晴失恋了，便特别讨厌坐在对面的同事一天到晚晒幸福，这使得两人关系很不好。后来，对于和同事差到极点的关系，孙晴开始反省自己。某一天，孙晴豁然开朗，找出了同事身上的优点：

"她公婆对她好，是因为她发自内心地对公婆好。"

"他老公很爱她，是因为她总是能发现老公的优点，并鼓励他。"

"她儿子可爱，是因为她浑身充满母爱，而且注意饮食。"

孙晴发现与其说是厌恶同事，不如说是羡慕、嫉妒同事身上的幸福。后来，孙晴转变了心态，从同事的优点出发，学习同事身上的优点，神奇的发现，原本有些糟糕的生活慢慢地变得顺利了起来。

有时候，相比喜欢，讨厌、憎恨、嫉妒一类的情绪对我们的影响更大，在它的影响下，轻易就能暴露出我们阅历不足的短板。而很多时候我们讨厌一个人，更多地源于嫉妒。

今日她长得比你漂亮，你心中嫉妒，便开始在人群中诋毁她；明日他比你优秀，你心中嫉妒，便远离他……你看到了他们表面的光鲜，心中嫉妒，直言他们运气好，若是你也有运气，便能如鲲鹏展翅，翱翔九天。你被嫉妒蒙蔽了双眼，失去了往日的理智，看不到别人光鲜背后的努力，只会以最大的恶意去揣摩别人，极端地去处理问题。

刘震云在《一句顶万句》中说过："人要一赌上气，就忘记了事情的初衷，只想能气着别人，忘记也耽误了自己。"

当你讨厌一个人的时候，抱怨解决不了任何的问题，反而会显得你情商低。一个成熟的人对于不喜欢的人会怎么做？

改变自己的心态。正所谓：用人之长，天下无不用之人；用人之短，天下无可用之人。纵观古今，那些成功人士，无不是善于发现别人有点之人，如：周文王、刘备……善于发现别人优点的人并汲取之人，取长补短，才能在曲折又充满荆棘的人生之路上，立于不败之地。

你嫉妒之人必然也是一个优秀之人，身上有很多值得你学习的地方。你要将心中的嫉妒弃如敝屣，仔细观察他，将心中的厌恶转变成去发现他身上的优点，以他为目标，学习他，追赶他，然后超越他。

你当明白你做得不好，并不是别人造成的。而嫉妒讨厌一个人，对你的人生没有任何价值，那只会浪费时间和情绪。你要做的就是发现这个人身上的优点，然后从他的身上学点东西，那才有价值。

5. 换个思维，劣势也能变成优势

生活中，经常能够听到一些这样的叹息："这件事我做不到，和别人比我没有一点优势。然而我们必须明白，每个人的人生都不是完美的，就像黑与白，明与暗，太阳与月亮……这是上帝赋予生命的意义。无论是谁，人生中都是优势与劣势并行前进，所以我们大可不必为了自己的劣势悲哀。

刘墉说过："被认为是缺点的地方，如果善加分析把握，反倒可能成为一种先天优越的条件。"当我们处在劣势的时候，不要去自卑，更不要去抱怨。换个角度来想，这也许是一个改变我们现有困境的机会，我们要做的就是抓住一切机会去学习，去改变，让劣势转变成别人所不具备的独特优势。

一个最好的例子便是 2022 年世界杯足球赛的主办方——卡塔尔。

提起卡塔尔，很多人都是一副茫然的表情。地球上还有这样一个国家吗？答案是肯定的，卡塔尔是 2022 年世界杯足球赛的主办方，一个媒体口中"世界杯申办历史上最大的冷门的国家。

卡塔尔常年受干旱、高温的困扰，大部分国土是沙漠。它的地域小的骑着自行车一天能跑好几个来回，而且卡塔尔的人口也很少，五六个大型体育馆就能装下它所有的国民……由此看来，卡塔尔几乎占尽了劣势，然而却能够在强手如林的竞争国家中脱颖而出，它凭借的优势是什么？

在我们眼中的劣势，卡塔尔人换一个思维，让他们成为了这一次世界杯主办权角逐的最大赢家。

天气炎热？他们给所有的球场安装太阳能冷却系统，让球场变得恒温；国土狭小？正好参赛的队员就不用舟车劳顿地转场了，更能保证比赛的高质量；人口不多？这样不是就能把更多的球票留给国外的球迷了……

凭借这样的观点，国际足联意识到如果把机会给卡塔尔，将会赋予世界杯一个崭新而独特的内涵。最终卡塔尔赢得了 2022 年世界杯的主办权。

事实证明，很多时候我们跌倒的地方并不是在自己的劣势上，反而是在自己的优势上。

就像是：毕业后你进了一家国企，端上了公家的铁饭碗。

别人在职场上苦苦挣扎，为了一点进步努力学习的时候，你闲来无事端起茶杯啜一口，打开报纸享受悠闲的时光。你鄙视别人的辛苦，看自己现在多么闲适，多会享受人生。铁饭碗是你的优势，让你能够悠闲地站在高处俯视别人。然而铁饭碗也有破的那一天，单位裁员，你进单位以来毫无建树，恰好是被裁员之一。这时候你傻眼了，因为再次踏入社会，你发现你什么都不会，已经跟不上社会的节奏，只能被无情地淘汰。

优势，是我们强于别人的资本。然而，过分依赖自己的优势，很多时候反而会把自己置于不利的境地。人们常常说居安思危，水满则溢，月盈则亏。当你的优势为你带了很多好处的时候，你就应该警醒，因为人生不可能一帆风顺，也许你现在自恃地优势下一秒就会变成你的劣势。

周信芳是著名的京剧表演艺术家，他独创的麟派艺术撑唱起来苍劲挺拔，浑厚有力，豪迈谐趣，十分受观众喜爱。

然而他的人生并不是一帆风顺的。周信芳出生在艺术人家，从小便接触京剧，更是非常有天赋，小小年纪便能登台演出。天赋便是周信芳强于别人的优势。然而不幸的是，在其表演艺术渐趋成熟、日臻完美的时候，他的嗓子哑了。对于一个以唱为主的须生演员来说，"倒仓"是一个致命的打击，很多前途光明的演唱家就毁在了这上面。

就在许多人以为周信芳会一蹶不振，从此退出京剧界的时候，周信芳站了起来。他冷静地分析了自己的嗓音，决定凭借自己的努力闯出一条新的道路。经过反复思考，发现他的嗓音唱起来很有气势，周信芳便决定学"黄钟大吕之音。"经过坚持不懈的努力，他终于成功了，创造了独树一帜的麟派艺术，让众人赞叹不已。

许多时候，一个人的优势往往会成为他的劣势。而如果我们能够学会从不同的角度去看待事情，一个人的劣势往往也会成为这个人的优势。因为当一件事情大家都觉得不好的时候，恰恰是机会到来的时候。

人生最可怕的事情，便是当你面对缺点、劣势的时候，心中已经认定自己不能成功。不战而败，无疑是人生的耻辱。当外在的劣势无法改变之时，我们只能去适应并且接纳它，然后打破固定的思维，破而后立。只要我们勇于去尝试前人没有走过的路，就能够闯出属于自己的辉煌。

6.资源整合思维，把对手变成朋友

有人抱怨花了十几万开了一个店，无奈周围竞争太多，生意很是惨淡。天天闲着无事，坐在店里打苍蝇，只等着关门大吉。没想到被人收购后，生意却一下子火了起来，百思不得其解。

事实上，很简单。只不过收购人换了个角度思考问题。店

铺生意不好，换个角度来说就是收购价格低。收购三家生意不是很好的店，将其中的两家转让，只留下位置最好的一家。然后将其他两家店的员工和会员集中到位置最好的店铺消费，员工和顾客都不缺了，天时地利人和，生意一下子就火了起来。

有时候换个角度思考问题，结果会变得迥然不同。而资源整合，便是促成结果的利器。时代发展快得让人跟不上脚步，在这个过程当中，每个人、每个企业都会拥有自己的资源。有心便会发现，有很多资源是处于"闲置"的状态的。这个时候，你敢想敢做，把握时机，将这些资源有效地整合利用起来，你就会成功。

时代的发展，为信息快速地传播创造了有利的条件。如果你缺管理，就直接找个厉害的老板合作；缺技术，直接找个擅长技术的老板合作；不懂营销，直接找个堪称营销大师的老板合作……只要能够将资源整合到一起，无论缺少什么，都能够整合到专业的来弥补自己的不足。

比如说：你和你的竞争者都在抢占市场，但是你有技术，却偏偏缺少资金。而你的对手有资金，偏偏技术不到位。这个时候如果你和竞争对手联合起来成立一家公司，你负责技术，他提供资金，负责管理。那么你省下三年的时间找资金和研究管理，他省下三年的时间研究技术。你们合作，技术管理都有了。如果再找一个懂营销的老板，将三家的优势结合到一起，技术，管理、营销一下子都有了，还何愁不能独占市场最大的一块？

以前在商场上常说："商场如战场，对敌人仁慈就是对自己残忍。所以可以捏死对手的时候，不要给他留任何的活路。"然而这句话，并不完全适用于当下的环境。在资源整合下的市场，对手之间也并不一定非要硝烟弥漫，剑拔弩张。

美国计算机两巨头微软和苹果从上世界 80 年代便一直处于敌对的状态。为了争夺个人计算机市场的控制权，两家展开了剧烈的竞争。到了 90 年代中期的时候，微软已经占了 90%的市场份额，很明显是微软占据了领先优势，苹果公司举步维艰。就在大家以为苹果公司要倒闭了之后，微软竟向苹果投资了 1.5 亿美元，将苹果从倒闭的危机中拯救了出来。后来，微软专门为苹果推出了 office2001，自此两家公司合作，完全占领了个人计算机市场绝大多数的份额，真正实现了双赢。

处在同一个市场环境下，我们是需要竞争，竞争才能够促进社会的发展。然而，只有竞争，没有合作，只能使市场崩坏。就像是当竞争对手实力相当的时候，打败对手很可能两败俱伤。而在关键时刻将对手变成朋友，将对立的力量协调一致，得到的效果远远大于 1+1=2。

当然，整合资源时，涉及合作的问题，我们的思维不应该是"和他合作我有什么好处？"这样明显是要占别人便宜的思维，那你永远做不大，没有人愿意和一个处处占便宜的人合作。整合的时候，我们要明确地告诉对方，"和我合作，你能得到什么好处？"利益是摆在眼前的，没有人会拒绝。

"自立立人，自达达人。"将对手变成朋友，联手打天下，集合双方的长处，利用彼此的优势资源合作，才能将双方的利益最大化。而对于你来说，整合对手就是打败对手的最高境界。

7. 仇富？富人的钱其实也不是大风刮来的

骑三轮的老大爷不小心撞了一辆奥迪，小伙下车让老大爷赔钱，周围的人纷纷指责小伙不懂得尊老。"老大爷一看就没钱，开得起奥迪就不能算了？撞得又不厉害，这么有钱还咄咄逼人，有钱人流的血都是冷的……"明明是老大爷撞别人的车，现在反过来成了小伙的错了。

如此明显的事情，旁边围观的人真的分不清是非吗？不过是在看到三轮车和奥迪的时候，心自觉地偏向了三轮车而已。反正开奥迪的都有钱，不差这一点儿。更过分的还有人想：你开着奥迪却来走我们这条小路，活该被撞。

贫穷弱小的人总是容易得到同情，只要是穷人和富人怼上，错的一定是富人。大家志同道合地一致仇富，仿佛这样，心中就能得了安慰一样。

林平去参加同学聚会，到了发现屋子里的气氛有些微妙，原来班上有个年薪百万的土豪同学也来了。吃饭的时候聊天气氛很热烈，仿佛真的回到了学生时代一样。吃完了等到买单的时候，大家都不说话了，一致默默地看着土豪同学。土豪同学站起来接过账单出去结账。

林平有些不好意思，旁边的同学却说道："他这么有钱，同学一场还不应该请咱们吃顿饭呀。""可不是，早知道他请客，我们刚才就应该再点个龙虾，还没吃过呢？"旁边的人接道。

吃过饭之后大家决定去唱歌，正好旁边有一家五星级酒店KTV效果特别好，大家又一起看着土豪同学。土豪同学红着脸说实在不胜酒力，就不和大家一起了，然后匆匆离开了。

没办法，只能找了家平价的KTV去唱歌，温馨的同学聚会变成了有钱人的批判大会。

"这么有钱，也不想想如何带着老同学发财，真自私！"

"越有钱的人越抠，刚刚那顿饭才花了几千块钱，脸色就不好看了，太小气了。"

"可不是，请我们唱歌吃饭才几个钱，这都不愿意，真是枉费同学一场。"

从那以后，土豪同学再也没有参加过同学聚会。

社会对穷人总是格外的宽容，对富人就比较苛刻，大家一致的拥有仇富的心理。人们下意识地认为富人就应该多帮助穷人，好缩小贫富差距。然而，谁的钱也不是大风刮来的。你只看到富人表面享受的钱财，却没有看到人家在背后的努力。

深夜了，你已经上床呼呼大睡的时候，人家还在办公室里奋笔疾书阅览文件；当你双休准备出去逛街的时候，人家却要匆匆忙忙地赶往机场飞到另一个城市谈工作；当你守着妻儿一家团圆吃饭的时候，人家可能常年工作在国外，忙得连打电话的时间都没有……

没有人能够随随便便成功，财富自由的背后，付出的艰辛不是一般人都想象得到的。而仇富心态，说白了不过是一种嫉妒心理。培根说："当一个人缺乏某种东西，他就一定贬低别人的这种东西，以求实现两者的平衡。"你挎着爱马仕的包，围着 LV 的围巾，带着几十万的手表·……我却吃着糠咽菜，穿着地摊货，骑着自行车……如此悬殊的待遇，怎么能心理平衡，怎能让人不嫉妒？

很多人都认为仇富是理所应当的，反正有钱人都是为富不仁，他们的钱还不知道是通过什么不正当的途径赚来的。蒋方舟在《我承认我不曾经历沧桑》一书中写道："社会看起来是仇富的，但仇富的本质是仇穷，权利和钱仍是仅有的被认可的追逐目标。身为屌丝，向往的仍然是逆袭的故事。"求而不得让他们一边极度仇富，又一边极度羡慕。

贫穷并不应该成为我们指责富人的理由，他们再有钱，也是他们通过自己的努力赚来的。仇富，只会蒙蔽你的眼睛，只能注意浮于表面的东西，事实上他们身上有远比钱财更重要的东西值得我们羡慕，学习。

越是仇富，越是嫉妒羡慕，越是会心中不平衡而陷入负面情绪。不如放下仇富的心态，认清自己，接纳现实，积极乐观地迎接属于自己的生活。无论做什么，都不要失去一颗平常心。

8. 没有人有义务帮你，帮你是情分，不帮是本分

常常在知乎、贴吧、微博……上看见有人向一个领域的大V求助，下面留言，不论人家有没有时间都必须第一时间回复你，帮你。一旦不回复就骂人家姿态高，不近人情。若是拒绝了或者要收费，立马翻脸，嗤之以鼻地说道："早知道你要钱就去找别人帮忙了，专业的一抓一大把，还轮得到你？"小人嘴脸，一览无余。

中国有句俗话："各家自扫门前雪，莫管他人瓦上霜。"乍听起来冷漠无情，很是不符合中国人骨子里的热情好客。然而事实一再证明，老祖宗的智慧是没错的。"乐于助人"是我们提倡的美好品德，但这并不意味着，互帮互助是一种义务，更何谈责任一说？

现在很多人打着帮助别人就应该不图回报的旗号，让别人义务帮你的忙。别人帮你是施恩不图报，但并不意味着你要做那忘恩负义的小人。知恩图报，是做人的基本道义，更是千百年来社会的隐形规则。

有时候，别人的帮助对你来说也未必是一件好事。当你习惯了别人的帮助，一旦有了困难，你做的第一件事情不是"怎样才能将这个困难解决掉"，而是下意识地就在想"谁能够帮我解决这个困难"。你已经对别人的帮助形成了依赖。长期下去，不但你自身的能力得不到提高，而且之于帮助你的人来

说，你已经是一只麻烦的寄生虫。

有人说，"我是弱者啊，难道你不应该帮助我吗？"如此理所当然让别人帮助的态度，衍生出来的"弱者定理"，让人闻之生厌。就像你正在吃美味的酸菜鱼，却不小心被卡住了喉咙，那种如鲠在喉的感觉，简直让人抓狂。

田意从小家境变不好，平时舍不得花钱。一旦公司里要实行善举，捐助有困难之人的时候，田意从来都是早早找好借口，别人询问，便将自己的家庭困难述说一番，博取同情，每每都被混过去。

然而田意偏偏喜欢参加公司同事聚餐，结账的时候大家说好 AA，田意饭照吃，钱却是不掏，一旦同事询问，便摆出一副愁苦的脸色，说家里妈妈又生病了，要把钱寄回去，而且她吃得又不多，同事一场不要计较那么多云云。一番话堵得同事们便不好意思再继续让她出钱。一次两次同事们忍了过去，时间一长，大家都有点烦她。暗自腹诽：你家里条件困难也不是我们造成的，你吃饭的费用凭什么我们来负担？

大家再聚会便不告诉田意，然而田意每次都能想方设法打听出地点，赶过来。继续说辞一番，埋头开吃。

帮助弱者，行人生之善，是人生美德。但是不要把别人的帮助当成埋所当然，别人帮你是情分，不帮是本分，以弱者之名，行占便宜之实，岂不可耻！

不论是亲戚、朋友或者是同事，都没有义务去帮助你。所有的情义都经不起一而再，再而三地消耗。当你的行为不能为对方创造价值的时候，他对你的帮助就意味着，你在消耗他的时间与精力。更遑论是点头之交或者陌生人。

当你习惯了处于弱者的位置，习惯了向别人寻求帮忙，不妨换位思考一下，如果也有一个弱者一直将你当做免费的劳工，你会如何？

生活中，不论是帮人还是被帮，我们要始终牢记一句话：帮你是情分，不帮是本分。若是遇上道德绑架，直接一句"你弱你有理了"还回去。

9. 所有的失恋，都是在给真爱让路

电影《失恋33天》中黄小仙失恋的时候说的那段话，很是刻骨铭心。

"我看向身边，恍然间，觉得那沙发旁，他坐过的痕迹还在；卫生间里，还有他那把备用的牙刷；镜框里两个人的合影永不过期，笑得那么灿烂。我知道，世上的某处，一定正在进行着更悲壮的生离死别，但是，此刻的我，一个人，四处皆是回忆因而处处都在凌迟我，这样的极刑更可怕。"

恋爱的时候有多甜蜜，失恋的时候就有多痛不欲生。他将自己投注在你身上的温情毫不犹豫地收走，转身送给了别人。

只有你一个人舍不得，固执地活在两个人的回忆里，一遍遍自揭伤疤，让伤口流出鲜血，那个人却再也不会看一眼。至于背叛你的人，早已经将你弃之如敝屣，更是不会有一点怜惜之情。

林瑶是个爱情至上的女孩，她说自己生活在这个世上就要像紫霞仙子那般，等着她的意中人驾着七色的云彩来娶她。那天林瑶高兴地说她找到了她的盖世英雄，可惜的是她如同紫霞仙子一般，猜中了开头，却没有猜中结局……她的盖世英雄最后还是驾着七彩祥云娶了别人。

林瑶几近崩溃，觉得自己的人生失去了所有的意义。哭着求他回来，林瑶在爱情面前卑微地几乎低到了尘埃。然而对方的一句不爱了，立马判了这段感情的死刑。林瑶从此整个人都失魂落魄的，白天活得像个行尸走肉，每个晚上便以泪洗面，走不出失恋的阴影来。

失恋真的是一件很痛苦的事情，你会久久地陷在里面，像是困兽一样沉溺在美好的回忆里无能为力。在一个又一个不眠的夜晚里，任由一杯又一杯烈酒穿肠过，借着酒精麻痹自己，幻想着有一天还能和他重归于好。

事实上，失恋并不可怕。谁的人生不会遇到几个渣，离开你的，终究还是不爱你。你自虐一般的凌迟自己，亦是换不来他的一点儿疼惜，只会让真正关心你的人心疼。

世上的事情并不都是非黑即白，换个角度来看，失恋只不过是你在对的时间，遇到了错的人而已，会失去的东西，注定就不属于你，只是你人生中一处或明亮或灰暗的风景。为了一个注定不属于你的东西，寻死觅活，岂不可笑？

既然他要离开，你可以悲伤一会儿，来祭奠逝去的爱情。但不要沉溺在其中，挥别了错的人才能和对的相逢，谈过了失败的恋爱才会知道他不是命中注定的那个人，所有的失恋，都是给真爱让路。

不要心生怨恨，他既已离开，便不配占据你过多的心神。反过来，你应该感谢他的离去。只有他离开了，才能给你腾出幸福的空间。当你遇到一个更值得爱的人的时候，一定会觉得当初的痛不欲生是如此的傻。

谈了三年的恋爱终究败给了距离，刘娟在国外，男友在国内。刘娟的男朋友提出了分手，嘴上说着体谅理解，心中如刀绞。两年后，前男友大婚，刘娟送上祝福，转身便在公园里大哭，遇到了现在男朋友阿丁。从安慰到相知到相爱，接触了一年的时间，刘娟答应了阿丁的求婚，终于走出了前男友的阴影。

在结婚典礼上，刘娟看着阿丁温柔的目光，脸上笑得甜蜜。她说，感谢在最孤独无助的时候阿丁出现在了她的生命里，让她有勇气挥别错的人。感谢那段无果的感情将她推到了阿丁的面前，在对的时间里和对的人相知相爱。

爱情实际上是两个人的事情，一方决绝地选择退出这段感情，另一方不断地怀念对己身来说不过是一种折磨。一次失败的恋爱，只能证明我们离着幸福又向前迈进了一步。

我们的一生中会遇到许许多多的人，真正能让你幸福的人，是不论发生什么事情都可以陪伴你一生的人。那些陪你一阵儿便离开的，都是为了给那个能够真正能陪你一辈子的人让路。

有人说，治愈失恋最好的良药便是开始一段新的恋情。学会放下那个不够爱你的人，便是放过自己。也许他并不是你幻想中的盖世英雄，他不时髦，也不是时时刻刻充满激情，他只能陪着你平平淡淡地度过余生。

但是他会在你生病的时候焦急带你看医生，而不是仅仅叮嘱你多喝热水；他会记得陪你度过每一个节日，为你送上一个温馨的小礼物，而不是用工作忙当借口；他会包容你所有的小缺点，而不是仅仅因为一个小小的错误便对你百般挑剔……

所以，当你失恋了，不必执著那个终究是你人生过客的前男友。那个百分之百爱你的人正在远方等着你。你要做的便是，放下心中的执念，走出回忆，等真正爱你的人来到你身边。

第五章

换个位置，
被劝说者就不会"拒绝"你

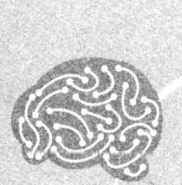

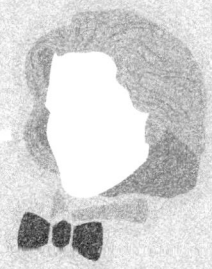

1. 说服对方采取行动时，先尝试给对方一点好处

说服别人是一门学问，我们常常为那些说服大师的言语魅力着迷，想要学习却无从下手，好像这种能力是天生的，大师们无法解释自己非凡的才能，也无法传授给别人，别人更是怎么钻研都习不得其中窍门。

事实上，生搬硬套的时代已经过去，命令式的说服有时候不但达不到的目的，反而会造成反效果。

方敏在社会上摸爬滚打了十几年，成了一家公司的部门主管，做事雷厉风行。公司为了要提高一种产品的销量，专门成立了一个特殊小组。方敏接到任务，立刻从各个部门征调了十几名优秀的员工，召开紧急会议。

人到齐了，方敏开门见山地说道："这次任务很紧急，务必要加班加点地完成。而且，这次的加班属于个人意愿，公司不会支付加班费。"

大家一起工作好几年，都清楚这次的任务有多重要，方敏以为能得到大家的支持。谁知道大家纷纷出口抱怨："你是主管，这是你的事情，为什么要我们义务加班？"会议不欢而散。

失败的谈判，如此一般。在这个讲究以人为本的社会，凭借权利对员工简单粗暴地下达命令早已过时。你想要说服别人行动，却是在损害别人利益的基础上，注定得不到别人的支持。

成功的谈判，大多有迹可循。他们在说服别人的时候，往往先赞同或反驳，让被说服者完全和自己保持在统一战线，再循序以利诱之，以期达到自己的目的。让人叫绝的是，他们对人性的掌控，好似他们完全为被说服者的利益考虑，就好像他们说服本身就是一种恩惠，让被说服者迫不及待地去执行来报答说服者。

事实上，成功说服大师，在说服别人的时候，做得第一件事情便是换位思考，若是他身处于对方的位置，会被什么样的语言打动？再加上一些说服他人时说话的技巧，便会无往不利。

罗伯特《影响力》一书中的"互惠法则"详细解说了"说服别人采取行动时，可以先尝试给对方一点好处"这一命题。"当别人给了我们某些好处之后，我们会发自本能地去回报对方。而那些得到别人恩惠却不去回报的人，会在心灵深处产生一种亏欠感。"

超市卖食物的地方的"免费试吃"活动，便是一个最成功的例子，漂亮的包装远没有香甜的味道更吸引人。而且在顾客免费试吃了之后，身体会自动启动"互惠"的本能。如果你不购买这种商品，你就会产生一种负债感。这便是超市为什么喜欢搞试吃活动，它想让你买东西，便先给你点儿好处。

当然，仅仅凭借给对方一点好处的原则，并不足以让你在说服别人的时候如鱼得水。好处并不是胡乱给的，只有不多不少恰到好处的，刚刚好搔到对方的痒处，既不会对对方造成损害，也要让对方舍不得放弃。

而要做到这样，最重要的便是做好准备工作。无论你是和谁在谈话，在没了解对方的心理之前贸然开口，根本做不到说服别人。当你见到这个人的第一面开始，便要转动你的大脑，利用手边的资料收集一切有关这个人的信息，从头梳理分析，抓取其中的关键点，给予他们最关心最密切的信息和好处。

谈话的过程中你要彻底掌控节奏，开门见山，一开始便抓住对方的注意力。而且一定要有很强的逻辑思维，根据谈话的深入，让被说服者的思维随着你谈话的节奏徐徐展开。若是你说的话前后自相矛盾，便是再吸引人的好处也无济于事了。

2. 表达同理心，促使别人改变主意

一个人正在伤心难过，朋友们在她身边一个劲儿地安慰她不要伤心了，但是好像没有起到什么效果？

那些安慰的话，只是朋友们看到她难过流泪随口说出来的，他们没有深究她到底为什么伤心，自然就做不到感同身受。没有从同理心出发的安慰，也许只能浮于表面，无法给予被安慰的人真正的暖心。

所谓的同理心，指的是在人际交往过程中，能够体会他人的情绪和想法、理解他人的立场和感受，并站在他人的角度思考和处理问题的心理活动和应对能力。通俗地来讲，便是在日常生活中我们常常提到的与人交往要设身处地，将心比心。

事实上，无论是在人际关系上还是在工作中，学会表达同理心，对你会有很大的帮助。人际关系就像是横亘在你与别人中间的大锁，而同理心便是打开这把大锁的钥匙，你只有了解了他心中想的是什么，才能够让通往人际关系的大路更加通畅。

不管是亲人还是朋友，当发生了分歧或误解时，如果能够把自己放在对方的处境中想一想，便更容易掌握和理解到对方的立场和初衷，能够更好地解决彼此之间的误会，求同存异，让彼此间的关系更加密切。

而当你身处职场的时候，和同事，上司之间关系的和谐就更加重要了。但是为了公司的发展，工作的时候势必会出现分歧。而每个人的心中必然都是坚持自己是对的。

怎样才能去说服别人，尤其当你和上司或者属下发生分歧的时候。如果双方只知道表述自己的想法，若是上司，便会觉得你不尊重他；若是下属，便会觉得你独断专行，跟着你根本没有什么前途。长此以往，彼此之间的隔阂只会越来越深。一日以后意见不合的时候，便会下意识地去否定对方的意见。这无疑对于公司和个人的发展都没有什么益处。

李清的公司常常要加班，但是最近李清的老婆刚刚生完孩子，想要早点下班回家陪陪妻儿，这可难住李清了。他现在的上司是一个很严厉苛刻的人，以前有人请假或者说早下班从来没有见他批准过。

李清心中犹豫了很久都没敢去和上司说早下班的事，因为心中存了事，工作中出现了好几处错误，被领导狠狠骂了几次。

这日，李清的上司找他谈谈最近的工作态度。李清心中忐忑，将事情断断续续地说了出来。本来打算说完就辞职的李清听到了上司一阵爽朗的笑声："我还当什么事情，你老婆刚生完孩子多陪陪她是应该的，就这么个小事儿有什么不好说的。行了以后你五点就下班，不过上班的时候一定要踏踏实实地工作。"

李清没有想到领导原来这么通情达理，真诚地说了句谢谢。

生活中，任何人都希望得到他人的理解，如果你缺乏同理心，只知道将自己的意见强加给别人，无疑你是一个情商低没有同理心的人。这样的你，无论是在生活上还是工作中都得不到他人的喜爱和赞同。

你希望别人怎样对待你，你就要怎样对待别人。当别人表达意见的时候，我们不仅要理解他人的立场和感情，还要设身处地地让对方明白我们已经了解了他的想法。当你不赞同他的意见时，即使你是正确的，也不要立刻反驳，使用同理心表达，委婉让对方明白让他改变的目的。

当然，我们更要明白，所谓的同理心和同情心是完完全全不同的。同情心是指对他们的同情怜悯，同理心是从自己内心出发了解他人的心理，然后做出回应。不能将两者混为一谈。如果你将同情心当做同理心去改变他人，是对他人的不尊重。

3. 说服别人接受你的意见，先肯定对方意见中的合理部分

生活中，当和别人出现分歧的时候，我们常常羡慕那些寥寥数语就能让人信服的人。看似简单，实际上做起来却很难。我们往往急于将对方的理念全盘否定，然后将自己脑子里的东西强行灌输给对方，让对方完全跟着我们的脚步走。可是每个人都有自己的思想，我们在行动的过程中并没有意识到自己的行为对于别人来说是不公平的。

每个人都是独立的个体，注定了在与他人相处的时候会发生分歧。当我们与别人发生分歧的时候，不妨先肯定对方意见

中的合理部分，然后委婉提出对方意见中不合理的部分，争取让对方能够接受我们的意见。

方明是一家公司的业务员，虽然工作很努力但是业绩一直提升不上去。方明的主管很苦恼，方明的努力他看在眼里，而且这份工作对方明很重要，主管不知道怎么开口去辞退方明。主管想了很久终于想到了一个办法，去说服方明能够主动辞职。

有一天，主管将方明叫进办公室，对方明说道："方明，你的工作态度我很欣赏，做事不骄不躁，而且知道努力。"主管看了一眼方明的脸色还不错，接着说道："我记得你写过一篇文章，语言很犀利，文采也很好。"方明点了点头。

"你很有才华，我建议你不妨朝着这个方向继续发展。销售这个行业说得比写得多，倒不如写作更适合你。"

方明一听也是，自己做销售这么久都没啥成绩，而且主管给出的意见也很有见地，自己不妨去试试。之后方明真诚地向主管表示感谢后，便辞职了，而主管接着招了一个业务能力更强的人。

心理学研究证明，轻易对别人的意见和观点说"不"，很容易引起对方情绪的对立，这个时候他会对你说的任何话都进行反驳，使沟通很难顺利进行。甚至，你长期直白地反对别人，大家只会远离你，在背后给你穿小鞋。

当然，这并不是让我们一味地迎合别人。我们可以换一种思路，先肯定别人意见、计划、方案中合理的部分，这样做即是肯定了对方在工作中的努力，然后在请对方斟酌考虑一下，让对方不愉快的情绪降到最低。当别人做的事情和你的认知有相悖的地方的时候，也不要急着去反对。安静地听别人把话讲完，先肯定对方意见中合理的部分，然后再提出自己的意见。

比如说：在听完对方的意见之后，觉得有不妥当的地方。可以用委婉的语气表达，"你提出的意见很中肯，不过后面的有些地方可以重新再仔细讨论下，你认为呢？"，"意见提出得很好，不过仔细想想还有可以改进的地方，不妨来讨论下"……这种态度，即使你并没有接受他的意见，他的心中也不会难受，因为这表明你有考虑要接受对方的意见，并且表明对方提出的意见不错，愿意和他讨论改进，最后接受。

不管怎么说，我们都应该牢记我们肯定别人意见中合理部分的前提是要去说服别人接受我们的意见。当我们需要先肯定，后否定的时候，肯定别人意见态度要恳切，语言要中肯，而且要注意对方的情绪变化。否定的时候，语言表达要清晰，而且不要一副居高临下的态度，可以这样说："我觉得你提出的方案这个方面说得很好，不过有一些地方还能做得更好，咱们不妨一起探讨下。"这样能够使对方更加容易接受你的意见。

事实上，"先肯定后否定"还可以理解为"正面进攻"难以奏效，"曲线"方能"救国"。在职场上，有些事情你持反对意见并没有什么用，反倒是你先肯定了对方之后再否定，反而能够达到目的。

在生活中，做事不要太死板，直来直去。想要别人听取你的意见，不妨先赞扬一下别人意见中的合理部分。先肯定后否定，便能够达到自己的目的。

4. 先提出一个大要求，别人更容易接受你的一个小要求

当我们遇到困难想要向别人求助，又害怕别人不答应的时候，不妨先向对方提出一个比较难的请求，等遭到婉拒之后，再提出真正想要求助的问题，这时候对方一般会答应你的请求。这就是我们常说的"留面子效应"，即：是指人们拒绝了一个较大的要求后，对较小要求接受的可能性增加的现象。

"留面子效应"这个词来源于心理研究者查尔迪尼等人做过的一项被称为"导致顺从的互让过程"心理研究。具体情况是这样的：研究人员将参与实验的大学生分成两组，第一组大学，要求他们带着少年们去动物园玩一次，需要两个小时。但是只有 1/6 的学生答应了这个请求。对于第二组大学生，研究人员首先请求他们花两年的时间担任一个少年管教所的义务辅导员，这是一件极其费时费力的工作，几乎所有的大学生都拒绝了。他们接着提出了一个小的要求，让大学生带领少年们去动物园玩两个小时，结果这一组大学生都答应了这个请求。

事实上，很多时候想要做成一件事，并不一定非得直来直去，有时候以退为进反而能够达到你的目的。《中国人的情面焦虑》一文中写道："我们之所以这么照顾面子，是因为我们要去成就自己在别人眼中的形象。而我们这么在乎形象，主要是我们有强烈的'观众'性格，面皮薄，耳根软，听不得他人议论。"

所以当你提出比较难的请求的时候，对方拒绝了，心中便会想：我拒绝了，你心中会怎么想我，会不会觉得我不近人情？由于他心中的内疚感和好面子情结作祟，等到你提出一个比较容易完成的请求的时候，他才会更容易答应。

这种心理如果利用好了，能帮助我们达成目的。不过我们要注意的是：它成功与否的关键在于双方关系的亲密程度以及你的需求合理程度。

张义因为小店资金短缺向朋友借钱，因为关系到小店的生死存亡，所以这笔钱很重要。他找到朋友刘辉，向他诉说了自己的难处，然后开口便是借三万块钱。刘辉也只是个普通的工薪阶层，一下子拿不出三万块钱来。张义想了想说一万也行。刚刚已经拒绝过一次，这次刘辉便毫不犹豫地答应了。张义却是尝到了甜头，一旦有需要借钱的地方，张义便用这一招常常和朋友们借钱。后来，朋友们都烦了，都远远地躲着张义。

由此可见，使用"留面子效应"是一把双刃剑。它在帮助我们达成目的的同时，也恰好证明了我们是在利用朋友对我们的感情和同情心。因此，在应用"留面子效用"的时候，我们要把握好尺度，不能得寸进尺，伤害朋友之间的感情。

事实上，在生活中"留面子效应"的应用并不一定局限在寻求别人帮忙这一方面。若是我们能够将"留面子效应"运用得宜，对于我们的人际关系也能够起到积极的作用。当我们有特殊情况发生时，它还能够帮助我们消除他人的不满情绪。

比如说：你和朋友约好一起吃饭，临时开会耽搁了一些时间，你打电话给朋友可能要晚到一个小时，朋友很生气。等你不到半个小时便满头大汗地赶到之时，朋友惊喜之余，也不会再去为你的迟到生气了。或者，也可用于服务行业。类似于飞机晚点，乘客接到要推迟一个小时才能着陆的消息，很是抱怨。过了一会儿，广播忽然响了起来，说半个小时后可能就会降落。过了一会儿，甜美的广播声再次响起，说只要三分钟就可着陆。着陆之后，乘客们欢喜雀跃，脸上没有一点儿不满地离开。明明是航空公司的责任，他们聪明地利用"留面子效应"将即将发生的客户危机及时攻略掉了。

"留面子效应"的用途很广，但是我们应切记：己所不欲，勿施于人。即使它再好用，我们也应该注意分寸，不要有为了一己私欲轻易利用他人的信任。

5.顾全了他人的面子，他人才可能会听你的话

人们常说一个人有"好面子情结"，但是换位思考一下，如果换做是你做错了事情，被别人毫不留情地当众责骂，心中是何感受？或者说你的感情被人肆意踩躏，是否会觉得自己没有面子，心中是否会羞愧？同理而言，换到别人身上，我们该明白顾全他人的面子，是多么的重要。

事实上，当你想说服别人的时候，顾全他的面子比什么都重要。

斯坦米滋是美国奇异电气公司的会计部部长，虽然斯坦米滋在电学方面的学识很厉害，但是在会计方面却等同于一个废物。由于斯坦米滋在电学方面是一位不可多得的人才，使得公司并不敢去辞退得罪他。然而这样下去损害的只能是公司的利益，怎么办？

斯坦米滋的性格很敏感，如果直言说出公司想要辞退他，一定会让斯坦米滋觉得很难堪。想了很久，公司的主管找到斯坦米滋说道："亲爱的，你的能力大家有目共睹，在电学方面能比得上你的恐怕没有几个。公司不想浪费你这个人才，所以想让你担任公司的顾问工程师，你看怎么样？"

斯坦米滋很高兴！他觉得自己的能力得到了公司的赏识。奇异公司的主管们也很满意，在斯坦米滋调走之后，一位精通会计的员工成了会计部的部长。他们在顾全斯坦米滋的面子的

基础上，做了一次完美的人事调动。

辞退别人并不是一件有趣的事情，对被辞退的人来说也不会多舒服，而在这件事情上如何顾全他人的面子并达到自己的目的是一件很有学问的事情。

在《会计师格雷琪给我的一封信》中写过："当我要辞退那些额外的雇员时，就稍微用上一点手腕，我把每人在这一季中的工作成绩细看过后，才召见他们。我对他们的谈话是这样的：'某某先生，你这一季中的工作成绩很好。前时，我派你到组瓦克城办的那件事，的确很难，但是你却办得有声有色，公司有你这样的人才，实在幸运。你很能干，你的前途远大，无论到什么地方都有人欢迎你的。公司很相信你，很感激你，希望你有空常来玩！'"

这样的话完全顾全了被辞退人的面子，让那些被辞退的人心中舒服很多。他们的工作能力被肯定，当公司再有工作，请他们来的时候，他们也会对公司更加有亲切的感觉。

虽然生活中我们提倡说真话，而且说真话确实是一种良好的品质，它体现了一个人是否真诚。然而，总说真话的人并不是一个高情商的人，因为有时候真话会让人很没面子。

当你和朋友相处，发现朋友的缺点想要指出时；当你和同事合作，发现对方的方案有漏洞想要指出时；当你查看下属工作，发现对方的工作有错误时……横加指责，当众批判，难免会将人伤的体无完肤。

季羡林先生说过："假话全不说，真话说不全。"在生活中，一个高情商的人心中往往会装着别人，成熟的人应当把握说话的分寸，即使看穿了，也不说破。当你顾全了他人的面子，说服别人的时候就会发现事情变得易如反掌。

世界钢铁大王卡耐基有一次去自家的工厂视察，发现几名员工在堆放易燃物品的仓库前面抽烟，而在他们的旁边就醒目地挂着"禁止吸烟"的牌子。员工无视工厂的规矩，明知故犯，卡耐基十分恼火。他正想过去冲着员工们大发雷霆，狠狠责骂他们一顿，顺便让他们滚蛋的时候，刚抬起脚，卡耐基又停下了。想了一下，他压制住怒火，脸上带着微笑走到员工面前，从口袋里面掏出一盒香烟，每人发了一支，然后诚恳地说道："老兄们，如果你们愿意在外面抽烟，我会很感激你们的。"

几个员工听了顿时羞红了脸，他们明明犯了规矩，卡耐基不但没有责骂辞退他们，还充分顾全了他们的面子，让他们又感动又惭愧。从那以后，他们再也没有犯规，而且看到有人在仓库那里吸烟，就赶忙去制止。久而久之，便再也没有人在那里吸烟了。

俗话说得好："树活一张皮，人活一张脸。"当我们顾全别人面子的时候，别人也会回报我们。圣人常说："三思而后行"，当你要指出别人错误或者辞退别人的时候，不妨先花几分钟时间思考一下，避免当众指责，再说一两句体恤的话，尽量减少给别人造成的伤害。

对于我们应该如何顾全他人的面子，下面来看看几个生活中实用性的小建议：

首先，给别人提建议的时候，语气委婉。比如将命令式的语气换成"你不妨考虑一下"、"你以为如何"、"你觉得有效吗？"……

其次，在拒绝别人的时候，花几分钟时间考虑一下。先肯定一下对方的优点或者成绩，再委婉地说出自己的建议，将谈话保持在一个愉快的水平上。

最后，不管做什么，心中先考虑到别人，任何时候都尊重别人，顾全对方的面子。

6. 以对方的利益为出发点展开说服

生活中我们想要说服别人无非就是从三个方面出发："晓之以理，动之以情，衡之以利。"而所谓的"以对方的利益为出发点展开说服"便是"衡之以利"。所谓"衡之以利"，便是权衡利弊得失，从对方的利益出发，讲明利害关系。

在《触龙说赵太后》中，触龙正是从赵太后的利益出发，才能够说动赵太后将长安君送到齐国做质子，达到了救国的目的。

本杰明·富兰克林也说过："如果你想要说服别人，要诉诸利益，而非诉诸理性。"由此可见，当你想要说服一个人在晓之以理，动之以情并不能打动对方的时候，就应该明白，只有利益才是对方最关心的事情。

快递行业最讲究的便是能够按时将货物送到客户手中。曾经，美国联邦快递的工人常常不能按时将工作完成。工人们必须在三更半夜将所有的快递集中到一个地方，然后将快递转发到对应的飞机上。工作量非常的繁重，工人们一旦出错，便会引起连锁反应，造成严重的损失。

有一段时间，工人们总是出错，导致在转发的时候出现延误，工作不能按时完成。管理人员对工人晓之以理，动之以情，没有取得明显的效果。

最后有一个管理者想出了一个好办法。

联邦快递颁发了新规定，取消按照小时支付薪资，而是按照班次，并且他们告诉工人，只要把所有的货物准确无误地装上飞机之后，他们就可以提前回家睡觉了。这一政策出来之后，工人们的效率大大提升，而且再也没有出现延误的情况。

无论是职场上还是商场上有句话叫作："没有永远的敌人，也没有永远的朋友，只有永远的利益。"当道理失去了作用，感情也不再是沟通的桥梁，利益便是剩下唯一能够说服他人的利器。事实上，有很多人都是"一切以利益为出发点"的，当你想要说服他的时候，不需浪费过多的情感，只要将其中的利害关系对他讲明白，他自然会趋利避害，接受你的建议。

当然，我们并不是宣扬只注重利益，不注重情怀。生活中，也有很多明事理、重情义的人并不会过分在意利益得失。正是因为这样，我们才更应该设身处地地考虑对方的切身利益。然后以此为基础进行说服，才能算是做到真正的通情达理，在说服对方的同时也更能令对方心悦诚服。

王超在一家公司做行政，由于公司的业务发展很快，增加了很多新员工，原木还算宽敞的办公室变得拥挤起来。员工行动的时候总是你碰着我，我碰着你，火气大的时候便会发生争吵，原本还算和谐的办公室顿时充满了火药味，连公司的业绩也受到了影响。王超想要和老板反映一下这个问题，看能不能申请一个大一些的办公室。

说了几次都被老板拒绝了，看着越来越糟糕的办公环境，王超想了想，将这几天发生的不愉快的事情做了一份工作总结，然后在后面详细地阐述了这些事情给公司造成的坏影响并且表明最近公司业绩下滑很明显。

老板一看再这样下去对公司的利益会造成很人的损害，使同意了王超的要求。

当你想要说服对方的时候，考虑到对方的需求，以对方的利益为出发点，两人便会有共同语言。你们在谈得兴起的时候，你说服对方便会有更大的把握。

不过我们要注意的是：在劝说刈方的时候，我们要注意措辞，尽量不要说："我认为，我想、我觉得……"这种给人第一感觉就是从自己角度出发的词，这样不但引不起对方的兴趣，还会让对方从内心排斥你接下来说的话。

而且我们在劝说别人的时候，言辞应该真诚一些，我们要让对方感觉到，我们是在真心实意地帮助他，为他切身的利益着想，而不是抱着一些私人目的和不良企图接近他。

7. 与人合作，充分考虑对方的利益

孟子曰："天时不如地利，地利不如人和。"由此可见，在商场和职场上人脉是多么重要。在很多时候，人脉是决定成功的关键。当你与别人合作的时候，只顾自己的利益和充分考虑到对方的利益，得到的肯定是两个完全不同的结果。

摩根是一位亿万富翁，人人都称他是最会做生意的人。在摩根的一生中，有过很多次合作。等到后来摩根的生意越做越大，各行各业的合作缤纷而至，摩根依然给每一位合作伙伴非常优厚的条件。比如说，当摩根和合作伙伴利润分成的时候，一般都是摩根四成，对方六成。摩根的朋友很是不解，然后对摩根说道："你现在的生意做得这么大，这么多人愿意和你合作，你就是拿六成也不过分呀！要不然五五分也可以啊！"

摩根摇了摇头说道："做生意，要多考虑和照顾对方的利益，这样别人才会愿意和你合作。如果我拿六成，是没有多少人愿意和我合作的。但是我拿四成的话，几乎人人都抢着和我

合作。看起来我好像吃了亏，但是从总体上看，我得到了很多四成，实际上是赚了的。"

不管你是老板，还是员工，也不管企业的大小，只要有优势互补的地方为彼此带来利益，都能促成合作。

而从摩根的经历中，我们能够看出，与人交往合作的时候，站在对方的立场上，充分考虑到对方的利益，不仅我们不会吃亏，还会得到更多的收获。

俗话常说："吃亏是福。"在合作之前，我们就应该做好吃亏的准备，让对方多得一些，这样双方的合作才能长远。资源利益是一定的，如果双方都想占便宜，合作也就只能止于此了。至于以后的合作，你也不会在对方的考虑范围内。有先见之明的人，不能只看到眼前利益，眼光不应该局限在算小账。

事实上，"与人合作，充分考虑对方的利益"我们也可以理解成在合作中牺牲自己一小部分的利益，取得合作双方共赢的局面。

现在，人们的眼光并不仅仅局限在竞争上，"共赢"才是时下的潮流，大到国与国之间，小到公司与公司、人与人之间，取得共赢才是一场完美的合作。

在职场上，合作更是家常便饭，如同事之间，客户之间……而其中联系最深的便是利益了。同事之间，大到一起合作完成公司的工作，小到一同打扫公司的卫生，合作处处可见。而当你多得到一些利益的时候，你的同事便会少得到一些，你妨碍了对方的利益，彼此之间便会发生冲突。如果这个时候，你退一步，虽然你得到的利益少一些，但是你谦让的形象反而会深入人心，从而得到老板的赏识。

与客户之间的相处，实际上是也是一次合作。如果你能够充分考虑到对方的利益，便可轻而易举地拿到合同。

杨平与人合作开了一家小公司，在业绩蒸蒸日上的时候，合伙人忽然提出要撤资，这对公司的发展打击很大。杨平听了之后很是愤怒，但是考虑到万一对方有什么特殊情况，便忍着怒火问合伙人发生了什么事情？原来合伙人的女儿生病了，需要很多钱去治病，而合伙人的钱都投到了公司里，没有办法才提出撤资。

听了合伙人的解释之后，杨平二话没说便将合伙人投的钱提了出来，还以个人的名义借给了对方一些。杨平的朋友听说了，都说杨平傻，那些借出去的钱肯定要不回来了。

杨平笑了笑，没有说话。几年过后，让杨平没想到的是，这位合伙人只要一有点什么好事或者赚钱的项目总是来找杨平，让杨平当初借出去的钱翻了好几番。他总说，当初要不是有了杨平的帮助，根本度不过那个难关。

杨平却说："当初咱们既然能一起合作，你就是我的朋友，帮朋友的忙是应该的。"

李嘉诚曾说："在生意场上，如果你去找生意做，这是比较难的。但如果是生意全来找你，那样就容易做了。怎样才能让生意来找你？便是善待别人，充分考虑到对方的利益。"

当你与别人合作的时候，多照顾别人的利益，使自己拥有一个好的人缘。那么，你离成功就不远了。

8. 站在对方的角度提建议，更容易被接受

如果你遇到有人在你耳边喋喋不休，企图说服你，而且说的都是一些没有意义的废话，你是否会觉得对方根本就不理解你，不了解你心中的感受。对方说得多了，你还可能在心里腹诽一句：站着说话不腰疼。至于对方说的那些建议，你也根本不会去听，甚至心中下意识地排斥。

其实这种心态很容易理解，因为对方根本没有站在你的角度思考问题，所以提出来的建议对你来说并没有什么建设性。同理而言，在人际交往中，我们想要给他人提建议的时候，不妨换一下位置，先站在对方的角度思考一下再说，这样才会更容易被人接受。

冯川和刘夏是一对好朋友，冯川很喜欢炒股，在股市中投了好几次都赚了。冯川赚到了钱，对股市更加上心了，后来更是将工作辞了，专职去炒股。刘夏知道了，劝过冯川好几次，只是冯川一心想要在股市中大赚一笔，对于刘夏的劝说根本听不进去。谁知等到冯川再次投钱进股市的时候，股市崩盘了，

所有的钱都被套牢了。

刘夏知道以后，找到冯川说道："你看，我早就说过股市是有风险的，让你不要把钱都投进去。现在工作也没有了，钱也赔光了，生活怎么办？而且你现在用钱的地方那么多，孩子要上学，还有父母要养……'

冯川本来就很心烦，听着刘夏这一番话不像是安慰，更像是教训，简直就是在他的伤口上撒盐。

气得冯川大声反驳道："我的事情不用你管，以后我们再也不是朋友了。"说完就将刘夏赶了出去。

刘夏在朋友冯川炒股失利的时候，说得那一番话，在冯川听来就像是嘲笑一般，好像当初自己没有听刘夏的劝告，落得现在的地步也是罪有应得。

事实上，在生活中，就是有一群这样的人，一旦别人出了什么问题，从来不会站在别人的角度去想一想，只是逮着别人的错处就揪住不放。看似是在安慰，实则根本就是居高临下的说教一番。这样做不但起不到安慰别人的目的，反而会给对方雪上加霜。

从自身角度出发提出的建议，在你朋友的身上可能起不到任何用处。而对方可能基于礼貌，在伤心的时候还要忍受你的喋喋不休，此刻对于你的朋友来说，简直是一种酷刑。

正所谓"己所不欲，勿施于人"，待人接物的时候，能够站在对方的角度上想问题，提建议，远远比你给对方自认为是最好的，更重要！

若是将这一条规则应用在职场上，对于你的工作会更有帮助。比如说，当你的同事向你说一些烦恼的事情，是你浮于表面的安慰几句"没事的，不要为这些小事烦恼……"还是耐心听对方说完，然后帮助对方分析其中的问题，再站在对方的角度提出几条恳切的建议，更获得对方的信赖？很明显是第二种更获得同事的信赖。所以说，遇到问题站在对方的角度上思考并提出建议很重要。

肖慧是一家化妆品公司的销售精英，一次同事聚会，说到高兴处，大家都请教她的销售秘诀。肖慧也不藏私，缓缓说道："其实推销化妆品最大的秘诀就是能够站在客户的角度想问题，然后再提出建议。比如说：一个客户脸上长痘痘，你可能见到她的第一印象就是给她推销遮瑕的或者去痘痘的产品，说我们的化妆品多好多好之类的，这样很容易引起客户的反感。你可以先从客户的身体健康方面下手，人的身体长痘，很多是由于内分泌失调引起的，关心一下客户的肠胃是否健康，再提出一些保养身体的小窍门，拉近彼此之间的距离再推销产品就比较好卖了。"

肖慧说完，大家觉得受益良多，纷纷鼓起了掌。

不管是在生活中还是职场上，当你想要劝说他人的时候，关键是你得要具有同理心。如果你能做到共情，就能够很好地站在对方的立场上思考问题。当你把自己代入到对方的位置上的时候，给出的建议便最能贴合对方的需求。

当然，我们在劝说别人的时候，要注意我们说话的语气和用词，不要一味地用"我"这个词，尽量多说"我们"，要让对方感觉到你确实是在为他着想，从他的角度出发提出的建议，这样他就会从心中解除戒备，真正地接受你的建议。

9. 朋友圈营销，先做一个不让人反感的人

"哎呀，大早上的朋友圈又被那些微商给刷屏了。"一个人拿手机刷着朋友圈抱怨道。

"现在朋友圈已经成为微商的天下了，真是没意思。"另一个人划着手指删着微信上的好友，也是满腹怨言地说道。

可不是嘛，微信本来是一个朋友之间沟通的工具，朋友圈更是朋友之间互相了解动态的途径，然而微商一条接着一条刷屏的广告，让人对朋友圈产生了反感。

杨莉是一位宝妈，因为想要给家里赚点儿外快便做起了微商。反正在家里动动手指就能赚到钱，还不耽误照顾孩子，杨莉做地很开心。她经常在朋友圈里发广告，将"你可以不上微信，但是微信上有你的传说！你可以不重视微信，但是微信已经时时在影响你的工作、生活和决策！你可以不做微信营销，但是你的竞争对手已经开始做了！"这句话奉为人生宝典。常常给她的朋友连发好几条信息让他们给她的朋友圈第一条点

赞，让她的朋友烦不胜烦。不给她点吧，杨莉就不断地给你发消息；点了，心中实在不舒服，都是朋友又不能将杨莉给删了，最后没办法只能将杨莉给屏蔽了。

有这样一则笑话：刘备问赵云："人们都说，你征战无数，但浑身却没有一点儿伤疤？"赵云说："伤还是有的，只是不太明显看不出来，只是微伤。"刘备大惊："隐藏地真深！好好的一个人怎么突然就变成了微商！"从此再没有重用过赵云。

虽然笑话好笑，但也不妨看出人们对那些在朋友圈里面发广告刷屏的微商有多厌恶，更是导致了现在很多人对微商这个群体都敬而远之。

朋友圈本就是一个私密放松的地方，它的作用是用来了解朋友动态和加紧朋友之间联系的，而不应该成为广告的载体。

如果你是一个微商，我们可以理解你急切地想要将东西推销出去的心理，但是当你无限制地在朋友圈发广告的时候，不妨换位思考一下，美好的早晨醒来，你打开手机想要看一下朋友新的动态，结果入眼的全是营销广告，你是否会坏了心情？

有人理直气壮地说朋友圈营销，合理合法。事实上，我们也明白微信拥有的广大人脉对于微商来说是多么大的诱惑，但不让自己的行为打扰到别人，是做人的基本素养。而你如果真的想要将产品卖得好，就要注意你在朋友圈营销之前，不妨先做一个不让人反感的人。

作为一个微商，不要老是在朋友圈中发一些所谓的心灵鸡汤。例如："当我收入成功的时候，你在偷笑我不务正业；当我收入击败的时候，你……谁不是从零开始呢，别错过了解的机会！"这种不知道从哪里复制贴过来的话，读起来真的是满满的尴尬。

事实上，人们在朋友圈里看到那些表面上读起来热血沸腾实则毫无意义的"心灵鸡汤"的时候，其实心中都反感得不行。

作为一个微商，最忌讳的就是在朋友圈中无限制地刷屏。很多人认为只要多发广告就会有更多的人看到他们的产品，这样产品就能够卖得出去。但是他们不知道的是，正是因为他们这种朋友圈刷屏的行为，才会让好友将他们屏蔽。

朋友圈经营，和现实中的商场一样，都是一场看不见硝烟的战争。你只有将朋友圈经营好了，才能取得成功。那么该如何去做一个不让人反感的微商，经营一个让人看着便赏心悦目的朋友圈呢？

齐磊是一位琥珀爱好者，收藏了很多珍品。前几年公司不景气便辞职了专职做琥珀生意。他经常在朋友圈里分享一些值得珍藏的琥珀，有时候也会在朋友圈里分享一下怎样辨别琥珀真假的文章，或者科普一些行内的小知识、小窍门。如果有人来请他辨别手中琥珀的真假，他也会很热心地帮助别人。由于他对琥珀的一些见解很专业，还会收到电视台和媒体的采访。久而久之，微信上的好友看他的朋友圈都很长见识，对他很信服，一旦有了这方面的需要，第一时间便会想起他。齐磊通过微信也将生意做地风生水起。

如果你在朋友圈发表的东西言之有物，大家自然会喜欢看，不会屏蔽你。当然，你要控制好发表文章的频率，最好早上、中午、晚上发一条即可，太多了便会让人产生疲劳，从心中排斥你发表的东西。

还要注意的是，你在朋友圈里卖的东西要是真正的好产品，不要卖一些三无产品，假货，更不要虚假宣传。生意是长久的，一次性买卖迟早会做不下去。真正的好商品，买家自然会识货，成为你的回头客。

所以，想要成为一名成功的微商，为人处世是前提。想要经营一个成功的朋友圈，先从学会做一个不让别人反感的人做起。

10. 说服购买，关心客户的想法与意见

在职场上，无论你是一名老板还是业务员，你最想做的事情就是将你的产品成功地推销给客户。很多人一说到销售，往往会走进一个误区，认为只有口才好的人才能成为销售精英。他们觉得只要口才好，便能够成功说服客户购买产品。然而很多时候，口才好但销售做不好的人比比皆是，一些口才不好的人反而成为了销售精英。

为什么有时候口才不好的人反而能够说服客户购买产品呢？就是因为他们真正地去关心客户的想法和意见，然后根据客户的意见去调整销售方案，达到让客户有兴趣去了解和试用他们产品的目的，进而产生购买意愿。

一个老太太去菜市场买李子。第一个小贩热情地招呼："我家的李子又大又甜，特别好吃，来尝尝。"老太太尝过之后果然很甜，但是老太太摇了摇头，并没有买。走到第二家那里，小贩说："我这里有很多品种的李子，有大的，有小的。有甜的，有酸的，不论你喜欢什么口味，都能在我这里买到。"老太太听了眼睛一亮，说："我要买酸李子。"小贩递过去一个说道："这个李子特别酸，你尝尝。"老太太一咬，果然很酸，马上买了两斤。

老太太继续往前面逛，有一个小贩问道："别人都喜欢买甜李子，你怎么偏偏买酸李子呀？"老太太说："我儿媳妇怀孕了，就想吃酸的。"小贩听了立马说道："老太太，你儿媳妇可真有福呀，遇到你这样一个疼人的婆婆。不过这孕妇最需要的就是维生素了，因为她需提供维生素给胎儿。水果中含维生素最多的就是猕猴桃了。你儿媳妇如果吃了来年保准给你生一个白白胖胖的大孙子。"老太天一听高兴得不得了，马上又买了两斤猕猴桃。

在生活中，常常能看到有人在讲这个销售技巧，那个销售窍门，听完之后只觉得激情满满，感觉自己真的成了销售战神。遇到客户便开始滔滔不绝，认为只要将产品的优势向客户讲清楚，客户自然而然就会产生购买的意愿，完全不想去了解客户心中真正的想法。

著名的马斯洛五层次需求理论中说："人的需求从低到高分为个层次，即所谓的生理、安全、社交、自尊和自我实现的不同层级的需求。但是也有人会为了满足更高层级的需求（比如自尊和自我实现需求）而放弃基本的生理、安全需求。"

一个口才很好的人，即使他能够口若悬河地演讲三个小时，也未必能够留住客户听他讲三分钟。想要说服客户购买产品，首先你要弄明白客户真正需求的是什么？有一种心理叫作"顾客购买心理"，即是说客户的购买决策并非无规律可循，它是一个逐步了解产品、认识需求以及从若干购买方案中进行选择的一个过程。

而"发掘客户需求的过程"就好比是"医生给病人看病"，你去医院看病的时候，医生在治疗之前都会先问你一些关于疾病的问题，然后才能对症下药。同样的，在面对客户的时候，也应该像医生一样"望闻问切"。用化妆品来举例，应该多询问类似"您平时的护肤习惯是什么？"、"洗脸的手法会不会？"之类的问题。

事实证明，只有关心客户的想法，把握客户的心理，然后引导客户认识到自己的需求，才能成功地将产品销售出去。

众所周知，因纽特人生活在到处都是冰雪的格陵兰岛，想要将冰饮卖给因纽特人简直就是一件异想天开的事情。然而美国的销售大师汤姆·霍普金斯却做到了。

霍普金斯来到一个因纽特人的住处介绍说自己是北极冰饮公司的，想要向他介绍一下北极冰的许多益处。因纽特人觉得霍普金斯很可笑，格陵兰岛到处都是冰，他哪里还需要买北极冰饮。

霍普金斯说道："很简单，看得出来先生您很注重生活质量，但是您要明白的是您使用的冰就在您的周围，而且日日夜夜，无人看管！而这种冰上，有您和我，还有您的邻居清除的鱼内脏，小孩玩耍的脚印，更有北极熊留下的脏物……您确定要继续使用吗？"

霍普金斯越说，因纽特人的脸色越难看。霍普金斯接着说："使用这样的冰块必须先消毒，先生您是怎样消毒的呢？""煮沸啊。""煮沸之后，冰变成了水，再冻成冰块，这简直就是在浪费您的时间啊。但是如果您买了我们公司的冰饮，不仅能享受到干净卫生口味丰富的北极冰饮料，而且还能节省自己大量的时间去做更有意义的事情，何乐而不为呢？"

因纽特人最终被说服了。

想要成功说服客户购买你的产品，一定要关心客户的想法与意见，以亲切的态度消除客户心中对你的戒备，然后唤起客户对产品的注意，引导兴趣达到刺激客户购买的目的。

第六章
chapter 6

不受重用?
因为你不懂用老板的思维做事

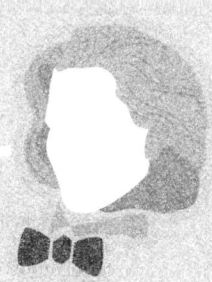

1. 打工者永远觉得自己在为老板干事

"算了，这个工作留到明天再做吧，反正这又不是我的公司，赚到钱也到不了我的口袋。"这种得过且过的心理相信大多打工者都有过。

经常听见有人抱怨自己在公司里不受老板的重用，但是他们从来没有想过，在他们自己心里只是将自己当成了一个单纯的打工者。公司赚来的钱是老板的钱，所以公司里的事情理所当然的都是老板的事情，他何必去操那份闲心？而这种心态恰恰会让他们的工作效率降低，工作做不出什么成果，老板自然不会将他看在眼里，更别提重用了。

林克在一家私企当经理。有一次和朋友出去喝酒，说真不想在公司里干了，在里面一点自由都没有，老板更是极力压榨，根本不把员工当人看……朋友劝林克说，大家不都是这样啊！

林克苦着脸吐槽："每个月辛辛苦苦为老板创收了那么多效益，结果一个月的工资连零头都拿不到，还要天天看老板的脸色，真是为自己感到不值。"

果然没多久，林克就因为工作上的失误被老板辞退了。

如果你一直觉得自己是在为老板干事，久而久之便会将这种观念作用于你的行为上，干劲儿自然也会大打折扣。没有哪个老板会喜欢懒散不积极并且不能给公司创造效益的员工，几乎所有的老板都希望自己的下属能够像士兵一样训练有素。

不论是在私企还是国企，只要你在公司里面上班，事实上都是在为你自己打工。在工作的过程中，经历的事情学到的经验和知识都是属于你自己的财富，更何况在这个学习的过程中，老板不仅不收你的学费，还付你工资呢。

如果还想不明白，咱们不妨来换位思考一下这个问题。如果你成为一位老板，是否会喜欢"得过且过"的员工，是不是也会希望你的员工将公司当成是自己的事业那样努力去工作。也许当你成为老板的时候，只会希望员工会像自己一样更努力，更勤奋，更加积极主动。

当你的老板提出要求的时候，你应该把这些要求当成自己的事情积极努力去做，争取将事情做到最完美的地步。如果你一直用这种心态去做事情，你的努力老板自然会看到，也会觉得你是一个值得信赖的人，当老板想要提拔一个人的时候也会第一个想到你。

因为在老板的眼里，你已经是把这份工作看成了自己的事业，把公司的事当成是自己的事，在做事的时候自然会百分之百的用心。

不要将自己单纯地看成一个打工者，要拥有"老板心态"，学会换位到老板的位置，用老板的思维去考虑问题，也要像老板那样爱护公司，提高自己的工作效率，让自己的工作成果更加优秀。当你为公司创造了越来越多的效益的时候，你的能力也在这个过程中得到了升华，即使你在目前的公司没有得到老板的赏识，但是凭借着这种工作态度，总有一天会遇到自己的"伯乐"。

一个只想着尽快混过一天、只为了每个月那点儿薪水而工作的员工，是永远不会得到老板的认同和赏识的。你一边抱怨得不到老板的重用，一边用打工者的思维将自己局限在打工者的境界里，能力永远得不到历练。多年过后，你就会发现，努力了一辈子到最后你还是一个打工者。

成功往往青睐以"老板心态"去工作，为事业而工作的人。当你学会站在老板的立场上思考问题，时时刻刻维护公司利益的时候，就是你能体现自身价值的时候。

当然，在你以"老板心态"工作的时候，一定要注意分寸，绝对不能在现实工作中真的端起老板的架子来工作。那样不仅得不到老板的赏识，反而会招致老板的厌恶。我们要做到高责任低姿态，最终实现自己的梦想，实现自己的价值。

2. 别拿苦劳说事，弄明白老板为什么雇佣你

生活中，常常能够听到别人抱怨："我为公司做了这么多事，没有功劳也有苦劳啊，为什么升职加薪的时候没有我？"按照我们日常的理解，当我们付出劳动的时候，就应该得到回报。而这些辛苦工作的人没有得到相应的待遇，发出抱怨也很正常。这些人肯定是受到了不公平待遇，老板实在是太坏了，竟然"过河拆桥"。

然而冷静下来想想，这些抱怨实在是无稽之谈。他们在抱怨的时候，没有想一想他们的苦劳究竟为公司创造了多少的利润？

事实上，这些总是拿苦劳说是的员工，往往都是那种无法为公司创造效益，喜欢得过且过，平常生活中庸庸碌碌，工作上应付了事的人。他们对于公司没有功劳，也就只能拿"苦劳"来说事了。

随着社会地不断发展，"干得多就必须拿得多"的理论早已经被时代抛弃。老板既然付你薪酬，那么你将工作做好便是分内的事情。比如你是一名销售人员，你为公司签了一名大客户，为公司创造了很大的利润，但是同样的，公司也会付你相应的提成，并不会让你白白辛苦。若是你将此作为依仗，和老板要求种种好处，只会让老板心中不舒服。

时代进步，市场竞争也变得激烈。企业想要活下去，需要的是能够帮助公司活下去，为公司创造价值的员工，而不是一味用苦劳当成资本使劲和公司提要求的人。更何况，有些人不过是在公司里面按部就班地上班而已。

说自己有苦劳的人，无非就是干的活多一点，态度踏实一些，你并非是不可替代的，甚至当出现一个更优秀的人的时候，你就可以随时走人。所有人都会觉得这是理所应当的，因为你不是公司的必需品，你的工作也无法给公司创造利润，公司怎能容忍你继续占据这个位置。

有这样一段很经典的话："苦劳是企业的一种负担，它会让企业慢慢消亡。功劳才是你的存在的条件和价值。"而时常将苦劳挂在嘴边的人，莫不是希望通过自己的不断重复去提醒老板不要忘记他，应当给他更多的报酬。可是公司会支付你薪酬，并不是让你做白功。作为一名员工，好好工作不是你的基本职业素养吗？又凭什么和老板要求这要求那呢？

海尔集团制定了这样一项政策，不看学历和资历，只看业绩，以绩效论英雄，真正做到"能者上、平者让、庸者下"。企业需要的是能够为公司创造效益的人才，而不是那些说着自己有苦劳实则碌碌无为的用人。如果你只想拿苦劳说事，那么首先你要弄明白老板为什么雇佣你。

戚韦是一家大公司的研发工程师，工作很是努力，也有积极钻研的精神。在别人想着法的和老板提升职加薪的时候，他则一门心思研究自己的工作，为公司拿回了好几个设计比赛的大奖，就算有了这样的功劳，戚韦也不挂在嘴边上，依然闷头研究工作。老板对手下有这样的能将很是高兴，特意给戚韦开了一个表彰会，还主动将戚韦提拔成了公司的总工程师，工资也立马翻了三倍，让别的同事很是羡慕。

在公司里，不要去论及自己的苦劳，只要你做出成绩，老板会看见你的。那在公司里如何成为一个好员工呢？

首先，要形成成本意识。作为一名员工，老板既然出钱雇佣了你，你就不能让老板的钱白花，在做好本职工作的同时将公司当成是自己的事业一样为老板精打细算，争取少花钱多办事。成本减少，利润增多，老板会不喜欢你吗？

其次，要形成效率意识。现在这个社会讲究"时间就是效率，效率就是金钱"，作为一名职业人士，你首先要做到每天的工作能必须够将你的薪酬挣出来。而提高工作效率，你就能在有限的工作时间内，为公司创造更大的价值。如何形成效率意识，抓住三个关键：明确工作计划和目标，让自己每天的工作都条理清晰；抓住工作重点，先做最紧急最重要的；今日事今日毕，绝不拖延。

然后，要形成结果意识。工作的时候最忌讳的便是在那里做一些无用功。每天下班之前，回顾一下一天的工作，看看自己的工作对于你要完成的目标是否有用。还有在工作中就算遇到困难也不放弃，以达成目标为原则。只要你成为一个"结果导向"型的人才，不论在哪一家公司都会得到重用。

最后，要形成质量意识。我们常说细节决定成败，事实上就是这样。在工作中，"马大哈"、"想当然"、"大概"、"凑合过去"……是最要不得的。"质量，是价值与尊严的起点。"虽然世界上不存在绝对的完美，但是我们在工作的时候，就要力求完美，处理好细节，不要让我们工作上的失误给公司造成损失。工作严谨，你才会在职业生涯的路上越走越顺。

3. 教你学习，不是老板的责任

生活中，经常能够听到有人抱怨新公司的领导不愿意教新人。可是我们要明白公司不是学校，不是培训班，老板更不是老师，向你传授知识也不是他的责任。老板付了薪酬给你，并不是让你将公司当成学校来学习的。当你什么都不懂，不能给公司创造效益的时候，你就要做好随时走人的准备了。

我们在学校里的时候，已经习惯了老师手把手地教学模式。老师不翻页，学生也不会自觉多学一点儿。所以等到我们走出校门，踏上社会的时候，便将这种思维习惯性地带到职场上。你刚进入职场什么都不会，领导说让你多学习，你理所当然地认为别人就应该像老师一样主动地将你需要的东西一股脑儿地教给你。

但是凭什么呢？别人为什么要把自己几年的心得体会手

把手地教给你呢？什么都等着别人来教，公司聘请你有什么意义？

有些人频繁地跳槽，说这个公司太差劲了，老板水平太低，根本学不到什么东西。但是老板又不是万能的，他的责任在于维护好这个公司的运转就可以了，而不是去担任你职场上的老师。

有人说我这不是不会吗？既然不会为什么要来应聘这个职位，这不是耽误双方的时间吗？换位思考一下，假如你是一个公司的老板，你会希望自己的公司里都是那种什么都不会，什么都指望着你去教的员工吗？答案肯定是不希望。不管你的公司是大还是小，你都会希望你的员工有很强的自学和领悟能力，对工作能够快速上手帮着公司往前走。

同理而言，你也不能奢望会有人手把手地去教你，你能做得就是用自己聪明的大脑尽快地去吸收工作中的知识，让自己完全能够胜任这份工作。当然如果你遇到了愿意手把手教你，对你倾囊相授的前辈，说明你的运气真的很好，你更应该怀有感恩之心。

初入职场，或者在你换工作到一个新公司的时候，主观能动性真的很重要。不论是谁，对于新鲜事物都有一个接受熟悉的过程，但是你不能让这个过程无限期地延长。在职场上，你能够随时随保持学习是一个很好的习惯，同时你要明白，你才是这个学习过程中的核心。

林梅毕业就来到了北京，打算闯出自己的一番天地。她好不容易在留学机构找到一份工作，经常需要写各种材料，然后汉译英，英译汉。虽然林梅很擅长写材料，但是英语却一塌糊涂，而且上司是个不折不扣的渣男。林梅经常被他教训和嫌弃，但是为了工作不能反抗，只能默默忍受。

每当林梅辛苦地想要放弃的时候，她就想起了电影《穿普拉达的女魔头》中的一段情节。

才华横溢的女主安迪被老板米兰达严厉斥责之后去找资深时装指导尼格尔倾诉，原本期待得到一番安慰，而尼格尔却说："我可以在五分钟之内找到一个非常想要这份工作的女孩顶替你。安迪，严肃点！你根本没有努力！你在抱怨！你希望我对你说什么？要我说：米兰达又欺负你了，可怜的安迪是吗？醒醒，她只是在做她的工作。你还抱怨她为什么不亲吻你的额头，每天都给你的作业批个金色五角星。"

林梅看到这段情节感觉大大受到鼓舞，本来就是她的能力不足，她不想着去提升能力，反而做些无谓的抱怨。后来林梅便私下里压榨自己一切空闲的时间学英语、找材料狂补。最终因为能力出色，被提拔为公司的部门经理。

在职场上，没有人会去同情你，等待你去慢慢成长，如果你想要成功，你就要加倍努力地去学习，停滞不前只会被社会淘汰。你要明白，学校和公司是不同的。学校的目标是培养人，所以可以容忍你慢慢地去学习。而在职场上，公司的首要目标是生存，然后才是培养人。

职场是一个竞技场，想要在这个竞技场上占有一席之地，你就要将自己变成一个善于学习，能够快速担任工作的人。

在公司里，当你想要主动去学习的时候，就会发现很多不起眼的地方都有你要的学习资源，例如：复印机旁边打废的材料，公司电脑共盘的文件夹……

事实上，很多公司都有培养人才的意识，经常会有相关的讲座、培训等。这个时候你就要积极参加，并且做好笔记，多思考。平时多注意维护同事之间的关系，这样在你遇到不懂的问题去请教他们的时候，他们才愿意给你解答。

努力学习，吸收新知识是你征服一个新工作最根本的途径。所以你要放弃打游戏、刷视频、刷电视剧……这些娱乐时间，积极去寻找别的学习资源并将它变成自己的东西，让它成为你做好工作的最坚硬的基石。

4. 如果你是老板，你会给自己加薪吗

随着工作年限的增加，每个人都会在心中期待自己在这一年当中能够升职加薪。但是，你在期望晋升之前，是否考虑过，你的工作现状值不值得老板给你加薪？

在职场上，只要老板不给我们升职加薪，我们提起老板的时候，脑海中闪现的几乎都是"资本家"、"吸血鬼"、"压榨剥

削"……这样的词。然而这对于老板来说是不公平的，我们不妨进行一个简单的换位思考，假如说你现在是公司的老板，你会给自己升职加薪吗？

李学业在一家公司干了快十年了，他每天用同样方法做着同样的工作，每个月领着一样的薪水。看着周围的同事都升职加薪，就算是比他晚来好几年的新人，现在都成为了他的领导，李学业心中很是不忿。终于有一天，李学业忍无可忍，找到老板和他摊牌，李学业情绪激昂地说道："我兢兢业业地为公司干了快10年，已经有了10年的经验。为什么别人都升职加薪了，只有我还在原地踏步。不行，我这样的经验到哪儿都是个吃香的老人了，老板你必须给我加薪。"

老板抬起头淡定地回答他："你只是一个经验用了10年而已，这对于公司的发展毫无益处。"一句话将李学业说得头都抬不起来，心中很是羞愧。

当你抱怨老板不照顾你，不给你提升发展机会的时候，不妨定下心来想一下自己的工作态度想一下自己每天是否完成了工作目标。如果你发现自己实际上是一个工作散漫，只为应付而完成工作，浑浑噩噩从不去思考怎样做才能给公司带来更多的效益的人……老板怎么敢将重要的任务派给你，在他的心里你根本不堪造就。

就算老板真的将任务派给你，恐怕你的心中也会非常恐慌。因为你心中对自己的能力很清楚，明白如果自己接受这个任务，只会将事情弄糟。

当一个人处于这种状态去工作的时候，如果你是公司的老板，这样的员工别说升职加薪了，恐怕你早就让他走人了。如果你的行为，让你都不愿意聘用自己的时候，那你就应该反思一下你的工作习惯和态度了。

老板聘请员工的根本目的是为了让员工利用自身的知识与能力为公司创造效益，我们要记住老板并不是慈善家，他既然给我们支付了薪酬，我们自然要实现等效的价值。当你的工作确实为公司带来利益的时候，即使你不去找老板提升职加薪，老板也会主动给你加薪。因为他也想为公司留下一个好员工。

如何实现等效的价值，成为一个好的员工呢？那便是，以好结果为导向努力地工作。对于一个老板来说，他可能不会太注重过程，他更想要的是一个好的结果。你的工作过程即使再完美，没有一个好的结果，老板也是不屑一顾的。

有的人工作了好几年，依然没有什么成就，就算想要去找老板提加薪的事情也没有什么底气。工作经验并不等于自身能力，如果在这几年的工作中，偷奸耍滑，当面一套背后一套，只为了那点工资按部就班地工作，那么工作能力不仅得不到一点提升，而且对于公司来说也没有太大的价值。

为什么有的人刚踏入职场两三年，便升经理，拿高薪。就是因为他的工作能力突出，老板需要出高职位高薪酬来留住他。所以工作能力强，便等于高薪酬。我们要知道，工作能力是可以逐渐培养的，而在这个过程中，你的工作态度尤其重要。好的工作态度，努力汲取知识。提高自身工作能力，你早晚会取得成功。

作家刘墉在他的作品里讲过这样一个故事。他在美国留学的时候，一个朋友和他抱怨："老板太坑了，我整天累死累活地工作，他就给那么一点工资，还故意拖延我的绿卡申请。"

刘墉一听，故意和朋友说道："既然老板这么坏，你辞职也好。不过你都已经做了这份工作了，一点东西都没学到也太吃亏了。"

朋友心想，有道理啊。于是天天主动加班，留下来背英文商业文书的写法，甚至连怎么修复印机都找工人学了，想着要是自己有一天创业了，还能省一笔维修费。

就这样，隔了半年，刘墉问朋友，你跳槽了吗？朋友笑着对他说："我现在升职加薪了，老板对我刮目相看，我干得开心，不跳槽了。"

原来之前他自己的工作态度有问题，不积极工作，老板自然看不上他。半年来，他改变了心态，主动加班，工作上做出了成绩，而且积极学习，不但自己的能力得到了很大的提升，老板也主动给他升职加薪了。

当你觉得老板不重视你，想要找老板提出升职加薪的时候，不妨转换一下心态，把工作当成自己的事情去用心对待，这样不仅自己干得开心，而且工作能力也慢慢受到认可，还能获得许多宝贵的经验财富，运气也会越来越好。

当然凡事也有例外。金无足赤，人无完人，老板中也有吝啬的人。如果你的工作态度积极，工作能力突出，老板却丝毫不提为你加薪，只想压榨你的话，那这个公司便不值得你留下，也会限制你今后的发展，还是赶紧辞职另谋高就吧。

5. 只做上司给你安排的事就够了吗

英国思想家赛克斯说过："成功是做你应该做的事，成功不是做你不应该做的事。"在职场上，只做上司给你安排的事就够了吗？答案显然是否定的。作为一个聪明的员工，你想要成功，就不能只做上司安排给你的事情，更要完成你应该做的事情。如果你仅仅能够按时完成上司布置给你的任务，那只能证明你是一个听话的员工，仅仅停留在合格阶段而已。

然而这样的员工只适合一成不变地守在原有的职位上，如果老板想要带领员工开疆拓土，就只能被淘汰了。老板最喜欢什么样的员工？是那种不仅听话，而且有思想有创造力，能够为公司带来价值的人。

李康是一位在出版社干了很多年的编辑，算起来也算是出版社的老前辈了。可是让李康感到无奈与沮丧的是，当初与他一起进来的冯立现在已经是总编助理了，而他依然是一个最普通、待遇最低的文字编辑。李康很纳闷，自己工作勤恳，每次都按时完成领导布置的任务，稿子也从来没有出现过质量问题，为什么自己就是得不到赏识。

这一天，社长把李康叫进了办公室，先是对李康勤恳的工作夸赞了一番，接着委婉地说出，现在出版社效益不好，要将编辑给辞了……

李康再也忍不住了，愤怒地质问社长为什么要辞退他。

社长叹了口气说道："李康，虽然你按时完成了社里规定的任务，但那些工作任何人都能完成。你无法为社里创造效益，在社里效益不景气的情况下，只能做出这样的决定。"

李康听完哑口无言，只能收拾东西走人了。

现在很多人都认为，只要我能够将领导布置的任务完成，就万事大吉了。然而这种像是机器人一样的工作态度，无论是谁都能够胜任。当你在公司的位置处于可有可无的状态的时候，那你被炒掉的可能性就很大。你的工作无法为公司创造等值的效益，公司为什么要继续聘任你。

我们要明白，公司不是我们的养老院。在日益激烈的市场竞争中，它需要的是上进、富有活力和创造力的员工，而不是一个好看的摆设和花瓶。你占有这个位置，却无法发挥它的本职功能，那么公司只好请你出局。

有人问，在职场上，除了完成上司安排的工作，我们还能够做什么呢？首先要让自己成为公司里面无可替代的人。如果你的工作人人都能够替代，公司还要你做什么呢？要记住在工作中不仅要不断提高自己的专业水平，还要有积极的工作态度，在完成领导布置的任务之余，钻研一下怎么才能够将自己的工作做得更好，开拓你的思维，不要害怕出错。当你的能力得到老板的承认，你的工作也给公司创造了利润，在老板的心里，你就是这个岗位的最佳人选。

其次你要记住，在工作中，要做你应该做的事情。每个老板心中都有一杆秤，你所在的岗位应该做什么事情，他的心中很清楚。你觉得完成他布置的任务已经很完美了，在他的心中你只是完成了应该做的事情中的一小部分。还有更多的事情等着你去探索研究，若是你就此停滞不前，只会让他觉得你根本不能胜任这个工作，随时有可能让你走人。

在工作中做你应该做的事情、不但能够获得老板的赏识，而且还能够从各方面锻炼自己的能力，积累经验，为成功做好准备。

刘立与前面案例中的李康是同事。不同于李康的墨守成规，刘立是一个很聪明的人，而且敢想敢干，适应能力和创新能力都很强。刚开始他也是和李康一样审稿，不同的是，他不仅仅满足于只完成上司布置的任务，还会恰当地对稿件提出一些建设性的意见。比如：如何宣传推广之类的。

此外，刘立非常好学，在空闲之余，自己还策划一些选题，尽管绝大多数的选题被领导否决了，他也不气馁。终于有一次，他的一个选题得到社里一致肯定，这个选题做出版后成为了畅销书。

这以后，刘立被提拔为策划编辑。他总会提前完成任务，留给领导一些思考的时间。刘立还利用业余时间学习专业的知识，不放过任何一个学习的机会，经常给自己增加一些任务来锻炼自己的能力，开拓思维。就这样，刘立策划的选题越来越多，质量也越来越好，每一个选题都给社里带来了很大的效益。社长很是赏识刘立，最后将他提拔为了总编助理。

有人说，他应该做的事情不是他喜欢做的，所以对于那些应该做的事情完全提不起兴趣。但是，你要知道，将应该做的事情做好，你才能有资本去做自己喜欢的事情。因为这个时候你不必去为生存发愁，不必去为成功苦恼，可以随心所欲地享受自己的生活。

6. 不做独行侠，老板希望整个团队全力以赴

刘强东在《刘强东：我管 75000 人靠这 4 张表格》一书中曾写过一句话："有一类员工能力非常强，业绩非常好，但是一定不能要，一旦发现就要立马开除。"为什么业绩好能力强的员工还会遭到开除？就是因为这样的员工常常喜欢表现自我，喜欢在工作中做"独行侠"。作为一个公司的老板，每个人都希望整个团队齐心协力全力以赴。没有人喜欢在自己的团队当中有一个"特立独行"的员工，即使他再怎么优秀，再怎么才华横溢都得不到老板的青睐。

李强毕业之后，进入了一家大公司，刚开始的时候，由于业务能力强，李强很是受领导的器重。

只是李强毕竟毕业于名牌大学，性格难免有些孤傲，平时工作的时候不喜欢和同事沟通，即使是说话也有些颐指气使的感觉。久而久之，大家都不喜欢和李强一起合作项目了。

一次，公司派李强和里另一位同事去给一个大客户送一份重要的文件，结果因为李强不喜欢和同事沟通，两人约定的时间出现了错误，没有按时将文件给客户送去，导致公司失去了一个大客户。

事后，公司调查发现在平时的工作中李强性格孤傲，很难融于团队当中，而且这一次的错误也在于李强不接同事的电话。公司最后决定将李强开除。

一个优秀但与公司价值观非常不匹配的员工，就像是团队中的"希特勒"一样，他们口才很好，又有能力，但是腐蚀性极强，一旦有一天对公司进行破坏，势必会造成非常大的影响力和杀伤力。

在职场上，小的成功靠个人，大的成功靠团队。一个公司就是一个团队，如果你在这个团队中没有合作意识，缺乏合作精神，那么你往往会在职场上失利。因为你已经习惯了"单打独斗"，一旦与他人合作，你就会显得被动，呆板，成为这个团队当中不和谐的一部分。甚至，你会成为这个团队中的"鸡肋"，严重影响整个团队的进度。

公司的老板作为这个团队中的掌舵人，为了团队的利益考虑，势必会第一时间将你剔除出这个团队。俗话说得好："一人拾柴火不旺，众人拾柴火焰高。"一个人再能跑，也没有十个人走得远，在这个团队中，不论是谁都应该为大局考虑。

如果将职场比喻成一个战场，那同事就是在战场上给你力量和支持的战友。当你在工作中遇到困难的时候，在整个团队中集思广益，你就会发现那些像一座座难以翻越的大山一样困扰你的难题实际上很容易就被解决掉了。

有些人担心，在公司中将自己的想法或者主意告诉他人，会被他人窃取从而损害自己的利益。事实上，这完全是一种错误的想法。

团队讲究的是团结共赢，如果每个人都能够积极主动地说出自己的想法，让个人愿景和团队愿景保持一致，并且在团队中发挥自己最大的价值。那么，整个团队的整体方向就会变得一致，所有人的精力和能量也会得到最大的整合和优化，这样做就会尽可能地减少资源损耗和人力浪费，使得团队利益得到最大化。而在这个过程中，你的个人利益不但没有被牺牲，反而会因为团队获得发展得到更大地延伸和扩展。

有一个博士被分到一家研究所工作，他发现这家研究所的工作气氛特别好，而且一旦有什么项目总是能够快速完美地完成，完全没有勾心斗角的乌烟瘴气。

博士很是疑惑，有一天终于忍不住了，找到旁边的同事把自己的疑惑都问了出来。

同事笑了笑，说道："那是因为我们明白，整个研究所就是一个团队。我们身为团队的一员，都明白只有研究所好了，我们的利益才会得到保障。所以大家都不会去计较暂时的个人得失。最后的结果也证明了，我们这样做是对的。大家共同努力将项目完成，最后大家都得到了好处。"

博士若有所思地点了点头，在以后的工作中也同样注意团队协作的重要性，在专业上取得了很大的成就。

那么如何在工作当中不成为一个"独行侠"，能够得到老板的重用和赏识呢？

首先，沟通很重要。沟通是连接彼此的桥梁。在工作中，主动与领导和同事沟通，不但能够帮助你快速融入环境，搞好团队氛围。而且也能够帮助你向优秀的前辈和同事学习他们的思维方法和工作技巧，快速提高自己的工作能力。

其次，做一个善于倾听的人。在团队中，不要老是自己说，也要给别人表达的机会。而且你要善于倾听，快速理解对方表达的意思；在自己表达的时候，语言要清晰，有逻辑不混乱。

最后，做好自己的工作。这个是最重要的。在职场上，如果你连最基本的工作都做不好，不管怎么善于倾听沟通，恐怕老板都不会重用你。一个成熟的职业人无论在什么样的情况下都应该保证自己的工作水准。还有，在工作中要注意细节，不要马虎，细节往往能够决定成败。

7. 老板为什么不喜欢频繁跳槽的人

在职场上，如果要问老板最不喜欢哪一类人，频繁跳槽的人一定高居榜位。为什么这么说？因为在老板看来，一个喜欢频繁跳槽的人的忠诚度便会大打折扣。对于老板来讲，忠诚有时候比能力更重要。

而且，新人进入公司都要经过两三个月的带薪培训，才能熟练地掌握工作。如果刚刚培训出来的员工，便要辞职，对于公司来说是一笔很大的损失。

有的人将跳槽列为通往高薪的阶梯，认为只要从这个公司跳槽到下个公司工资理所当然地要上涨。然而等到去了新公司之后才发现情况并没有自己想象得那么好，有时候还会发现自己越跳槽事业越是失败。

夏清在北京打拼自己的事业，刚开始的时候夏清工作很努力，希望能够尽快在北京站住脚。

等到工作了几年有了经验之后，夏清开始不满足于4千元的工资了，听人说跳槽就能够涨工资，夏清便辞了工作，开始朝着更高的薪酬奋进。

短短几年，夏清便换了四份工作。最近他新找了一份工作，也确实拿到了高薪，但是他又发现了新问题。他发现新公司的领导对他并不是很器重．分配给他的工作也是一些不重要的工作，他的能力根本得不到表现。

　　夏清找领导反映了好几次，表明自己有能力担任更重要的工作，每次都被领导敷衍了过去。夏清很是无奈，不明白他做错了什么，而且同事对他也有些排斥，让他总有一种和公司格格不入的感觉。夏清感觉在这个公司里面越做越不开心。

　　事实上，夏清不明白很多公司在招聘员工或者选拔领导的时候，都将员工对公司的忠诚度列在个人能力之上。很多老板认为，一个有能力但是忠诚度不够的员工比一个没能力但是忠诚于公司的员工对公司的危害更大。因为越是有能力的员工，接触的公司机密越多。若是对公司的忠诚度不够，很可能转身就将公司的机密卖给竞争对手，这对公司造成的损害是不可逆的。

　　哈巴德曾说过："如果能捏起来，一盎司忠诚等于一磅智慧。"意思就是说，如果你对老板是忠诚的，那么你的一分忠诚就相当于你在工作中所表现的16分的聪明才智。由此可见，作为一名员工，你对公司的忠诚远远要比智慧更加可贵，也更加难得

　　其实，这种说法没有什么难理解的。你不妨换位思考一下，如果你是一家公司的老板，你是想要一个忠诚但是并不那么聪明的员工，还是要一个能力优秀但是转身就能够把你卖了的员工？

　　当然，天下没有不散的筵席。并没有人说你要一辈子待在一个公司里面，这是不可能也不现实的。当你在一个公司里面完全学不到东西，自己也不会再有任何提升的时候，你完全可

以正大光明地向公司提交辞职申请。但是，请注意，这里有一个跳槽的最佳时间点：十年。

《哈佛商业评论》里说："从统计上看跳槽最佳的时间点是十年。"

有人会想：天呐，十年！我的人生有几个十年？让我在同一个地方待十年，那真的是一件太可怕的事情。这真的不是一个假消息吗？

这的确是真的。为什么呢？因为很多人在找工作的时候会陷入一个误区，通常来说，就是只要找到一份工资满足一定幅度的上涨的工作就应该跳槽，而这种走一步看一步的优化策略在数学上还有一种专门的叫法——贪婪算法。

通俗地讲就是如果你一开始的工资是 3 千元，每次都是一两年就跳槽，工资涨幅大概是一两千内，到第十年，拿到的也不过是 9 千 -1 万元左右。但是如果你这十年一直在一个安稳上进的环境中潜心钻研，那你 3-5 年便会迎来一次调薪，幅度约为 20%-30%，等到 6-8 年的时候，你很可能已经成为了一个公司的领导，这时候肯定会有很多猎头来挖人，给你的薪酬基本是呈翻倍增长。更何况，在这十年间，你在公司里的人脉更会成为你无形的资产，在你以后的工作中很可能就会带来很大的帮助。

中国人讲究的是走一步看十步，人脉这种无形的东西常常每两年就会清零一次，若是你频繁跳槽，无形中就失去了这种资产，对比下来，你频繁跳槽完全是得不偿失的。

当然我们还可以从另一个层面上来看，一个频繁跳槽的人在老板的眼中可能也是一个不堪造就的人。马云说过："员工离职无非两种，一是钱给不到位，二是心里受了委屈了。"换个角度来说，如果你在一家公司里面很受老板的赏识，和同事之间相处也很和睦，肯定不会频繁地跳槽。履历上有频繁跳槽的经历，说明你在之前的公司混得可能并不是太好，所以才会跳槽来到了这个公司。

刘季周一去面试，他的简历做得很漂亮，五年的工作经验也让他信心满满。当面试官拿到刘季的简历，看到上面五年间就换了四份工作的时候，心中就对刘季的第一印象打了一个折扣。

面试官问道："为什么你五年间就换了这么多份工作？"

刘季迟疑了一下，说感觉自己在那些公司已经学不到什么东西了，而且公司的工作氛围也不太好……后来就完全在抱怨以前公司的不好之处了。

后来问到一些专业的问题的时候，刘季的回答也是支支吾吾的。

面试官最后没有录取刘季。他们并不想要一个对公司忠诚度不够只知道抱怨而且也没有能力的员工。如果将公司比作一条船，那老板就是船长，而员工就是水手。想要船开得好，走得远，躲过海面上的大风大浪，就需要船长和水手一起努力。所以当你遇到困难的时候，不要老是想着跳槽来逃避，和老板同舟共济，共担风浪。风雨过后，你就会收获更多。

8. 像领导那样，关心公司的前途

在职场上，如果一个员工总是"事不关己，高高挂起"，即使这个员工学历再高，能力再强。也不会得到老板的重用和赏识。对于老板来说，你连公司的事情都不关心，怎么还能期待你对公司忠诚。

事实上，个体与集体常常是紧密联系在一起的，关心公司的发展前途就是关心自己的发展前途。那些在公司里面做出成绩成为公司领导的人，都是对公司的发展非常关心的。在他们还是最基层员工的时候，即使对于公司一些大的决策没有发言权，但是他们依然把对公司发展有帮助的事情放在心上。

1997 年，延俊华从清华大学毕业去了华为。

刚到华为的时候，延俊华并没有像初入职场的年轻人那样谨小慎微，而是秉着"初生牛犊不怕虎"的精神，经过一番资料收集和市场调研，给华为老总任正非写了一封《千里奔华为》的信。

在信里，他十分尖锐地提出了华为目前存在的问题，并针对性地提出了一系列非常系统、切实可行的建议。

他的信引起了华为总裁任正非的极大兴趣，在任正非读完信之后，被延俊华的大胆和远见震惊了，当场就称其为"一个会思考并热爱华为的人"，并且当即决定将延俊华提升为部门副经理。

也许大家会说，延俊华的成功是一次偶然的事件，若不是华为总裁任正非心胸宽广，善任贤才，延俊华这样的行为在别的公司早就被认定为不安于岗位，非议公司被辞退了。也许延俊华的确是幸运的，然而这幸运的背后恰恰显示了一个员工对公司的赤胆忠心。

如果一个公司里面所有的员工都想当然地认为自己只是一个小小的员工，没有资格不需要去操心去干涉公司的事情，认为自己与公司的利益并没有什么直接的关系，那这个公司早晚会湮灭在时代的潮流中

事实上，一个公司的发展并不仅仅是老板的事情。员工身为公司运转中重要的一环，如果能够将公司的发展前途看成是自己的发展前途，那无疑是一个热爱公司的好员工。如果你始终站在公司的立场上去提建议、找方法，那证明你是在讲真话，而且你说的真话确确实实是为企业考虑，更是证明了你已经将这种热爱转化成了行动。而对于一个"热爱公司如爱家"的员工，老板又怎么可能不喜欢，不委以重任呢？

当你选择进入一家新公司的时候，你抱着一种和公司一起成长、共同发展的工作态度显而易见是明智的，当你为了公司的发展努力工作，全心全意为了公司的前途出谋划策的时候，你很容易就会得到老板的认可。当老板认可你了，也会去重点培养你，那接下来的提拔和加薪离你还会远吗？

职场上，一些认为公司的发展和自己无关，公司的兴衰只是老板的事情的员工是目光短浅的，他们觉得总是为公司操一

些和自己工作无关的心是一种傻子的行为，反正公司赚多少钱也到不了自己的手中，自己也只是老板的赚钱机器而已。抱着这种态度，他们在工作中经常偷懒、拖拉、得过且过。只做好自己的分内的事情，其他的一概不管，这样的人如果你是老板的话，恐怕也不会喜欢。

王军和方阳是大学同学，毕业之后，两人选择了不同的道路。

方阳在毕业之后拼命挤进了一家国企，享受好的福利和看似安逸的工作。而王军却是进了一家创业公司，公司很小，总让王军有一种朝不保夕的危机感

然而王军并没有弃公司而去，反而是更加努力地工作，遇到公司在创业初期出现的问题也能够及时解决。有时候想出了什么好点子就和老板分享，经常和老板一起加班到深夜，也没什么怨言。

这一段事业拼搏的历程，不但让王军的工作能力得到了极大的提升，而且还得到了老板的信任，两人最后成为朋友，等到公司初具规模之后，老板更是赠送了王军一部分股份，王军摇身一变从员工变成了公司的股东。

反观方阳，由于初期的工资很高，而且工作很清闲，方阳对公司的发展也不关心，一到下班点就早早走人。几年过去了，方阳的工作能力没有一点儿提升，工作和薪酬也没有什么变化，方阳不可避免地陷入了职场迷茫期。

所以，不要认为自己在公司里面是无关重要的，如果你抱

着方阳的这种心态，即使换一百份工作，也终是无法做出一番成绩来的。

那么该如何正确地做到关心公司的发展前途呢？可以参考下面三点：

首先，你要摆正自己的职业观念，从大局去考虑事情。你要明白，只有公司发展了，你的能力和职位才会获得提升。

其次，一定要热爱公司。"爱公司如爱家"，如果一个人连自己的公司和工作都不热爱，还谈什么责任、敬业呢？更不用说去得到领导的信任和提拔了。

最后，发现了问题要敢于提出。一个公司想要发展总是建立在出错改正的基础上，当公司出现了问题，你察觉到了，就要勇敢地提出来，以此避免给公司造成更大的失误和损失。如果你害怕得罪领导便装作看不见，是一种非常不可取的行为。

9. 把自己当成合伙人，成为老板最需要的人

职场上，怎样做才能成为老板最需要的人，成为公司里不可替代的员工？相信这是很多上班族关心的问题。

事实上，这样说有些抽象，我们不妨来具化一下。我们要明白，公司实际上是一个经营的实体，只有公司盈利了才能去

维持发展，而要发展，是需要公司中的每个员工都要贡献自己的力量和才智：你要真正将公司的发展放在心上，用心积极地去对待每一份工作，把自己当成老板的合伙人，而不仅仅是一个拿工资的打工者。

长此以往，你就会发现你的工作越来越出色，而你在公司里面的重要性也越来越突出，与之相反，若是你只是将自己当成一个可有可无的打工者，对待工作不用心，很可能就会被公司辞退。

胡丽最近因为迟到被公司辞退了，心里很不服气。

她在一家公司做客服，每个月三千块钱的工资让胡丽每天的工作都是得过且过，一点儿工作激情都没有

最近一个月，胡丽迟到了五六次，迟到第一次的时候胡丽心中还有些惴惴不安，后来发现领导根本没有时间批评她，胡丽也就放下了心，迟到也成了家常便饭。这天胡丽又迟到了本来她觉得没什么大事，反正公司里的很多人都会迟到，结果她就被领导叫进了办公室。领导委婉地告诉胡丽，她不太适合这份工作，希望她能够主动辞职。

胡丽急忙说道："我在公司里一点儿都不重要，又不是核心员工，只是迟到了几次而已，这么点小事用得着辞退我吗？"

领导认为胡丽的工作态度很有问题，工作不积极，混过一天算一天。而且如果人人都像她一样老是迟到的话，那公司就没有办法管理了。说得胡丽羞愧地低下了头，最后主动辞职了。

很多人会觉得迟到只不过是一件小事而已，如果因为迟到就将人辞退，公司未免太不近人情了。换位思考一下，如果你是一个公司的老板，你会喜欢老是迟到的员工吗？不说员工，就连你自己，恐怕都早起晚睡，恨不得天天加班，好让公司发展得更加壮大吧。同理而言，每一个公司的老板都是这样想的。

在老板的眼里，老是迟到的员工，显然是缺乏职业精神和纪律观念的。张瑞敏曾说过："管理无小事，你不能衡量它，就不能管理它。"如果你老是迟到，那在老板的眼里你就是缺乏奋斗精神、没有自我驱动力的员工，那你的上升空间就微乎其微了。

有人说，老板本来就是给我们发工资的人，是高高在上，不可高攀的。我们又怎么才能够在心中将自己当成公司的合伙人呢？

当年风靡全球的职场励志书《致加西亚的信》中的一段话给了我们答案："年轻人需要的不只是从书本上学来的知识，也不只是他人的种种教诲，而是要塑造一种敬业的精神：忠于上级的托付，迅速地采取行动，全心全意地完成任务。"

在职场上，从客观意识来说，对于每一个职场人都是公平的。当公司出现了问题的时候，你要明白这也是你的机遇，不要逃避，抓住机会你就能得到提升。每个公司都是让解决问题的人高升，让制造问题的人让位，让抱怨问题的人下课。

我们要记住，想要成为公司的"合伙人"，就要以老板的思维去看待你的工作。在老板的思维中，他请你是来解决问题的，而不是制造问题。如果你不能发现或者解决问题，在他的心中你的工作能力就会大打折扣，而且他也会担心你在下一秒会不会成为公司的另一个问题。

当你真的以"合伙人"的思维去做工作，想老板之所想急老板之所急的时候，你就会发现，你的工作效率大大提高，为公司创造的价值也越来越大。这个时候升职加薪只是时间问题，如果你想要辞职，恐怕老板也会想尽一切办法去挽留你。

著名职业经理人卫哲刚进入职场的时候，翻译的一份年报得到了万国总裁的肯定，最终成为了"中国证券之父"管金生的秘书。

与一般秘书不同的是，卫哲工作时非常积极主动，将公司的事情当成是自己的事情去完成。作为秘书，即使是给老板端茶倒水这样的小事，都让他琢磨出很多技巧。例如：开会时，什么时候去倒茶水，才不会打断老板讲话的激情；什么时候光倒水不加茶叶，什么时候该带着茶叶进去……卫哲都把握得很有分寸，将事情做得尽善尽美。

如此的工作态度，卫哲也得到了回报。经过一段时间的观察，管金生觉得让卫哲继续做秘书就是屈才，于是让卫哲出任了上海国金证券公司资产管理总部的副总经理

当你做事的时候，不再需要别人的催促，主动去做自己应该做的事情，而且不半途而废，那你一定会成功。世界是公平

的，虽然现在看着你比别人付出的要多，但是只要你坚持下来，你就会发现你得到的远比预期的要多得多

10. 适应领导，而不是让领导来适应你

职场上，常常出现的一个现象：在换领导之前，大家可能都会盼着以前的领导走，纷纷都说前领导的不是。等到换了新领导之后，又发现新领导事儿也不少，还不如老领导呢！不论是公司换领导，还是你换公司，在面对新领导的时候，你的心中都是带着期望的。当新领导达不到你的期望之后，你从来不从自身找问题，反而对新领导意见重重。

为什么有的人工作做得得心应手，受领导器重；而有的人则天天抱怨领导难伺候，工作不好做？实际上，不过是受领导器重的员工更能适应领导的管理风格，而那些总是抱怨的人更希望领导来适应他而已。

王辉是人力资源部的员工，最近他工作上遇到了一些烦恼。资源部最近换了新领导，王辉觉得新来的刘部长对他的工作有些意见，经常批评他。

以前的部长喜欢自己手握大权，王辉习惯了在工作中事无巨细地向领导汇报，请部长帮自己决定，所以很得以前部长的

喜欢，工作上也比较得心应手。

可谁知新来的刘部长做起事情来却是雷厉风行，每当王辉去找刘部长讨主意的时候，都会被刘部长训斥一顿，说王辉对工作任务节点把控性不好，找到不工作的重点，简直是在浪费时间，如果再这样下去，只能请王辉走人了。

王辉听了觉得很委屈，为什么在以前的部长手下工作就很受重用，而现在这个刘部长就事事看自己不顺眼呢？王辉觉得自己没有错，是刘部长的工作有问题。在之后的工作中，他依然不改自己之前的工作习惯，最后刘部长烦不胜烦，只能将王辉辞退了。

在职场上，你会遇到各种性格的领导，有雷厉风行的，也有做事温和的，有脾气和蔼的，也有要求严厉的……但是不管是什么性格的领导，我们首先要明白他们在担任领导的同时也是一个凡人，他们也有喜怒哀乐，他们的身上也必定有这样那样的毛病和缺点。如果你接受不了，那势必会和领导发生冲突和矛盾。然而"领导"的角色就决定了这个矛盾的特殊性，如果你和领导交锋，下一秒他就能让你打包走人，让你失去生活的米源。所以，一个聪明的职场人，是绝对不会和领导起冲突的。

"当你改变不了环境的时候，就学着去适应吧。"这句话同样适用于领导身上。如果你抱怨领导不好相处，其实潜意识中你就是希望让领导来适应自己。但是这怎么可能呢？他是领导，你是员工，你是他的下属，怎么可能会有领导来迎合下属呢？在职场上，领导是不可能来适应你的，想要做好工作，你只能去适应领导的风格，事事抱怨，对于你的工作没有任何帮助。

就算领导愿意去适应员工，但是作为公司的领导，手下的员工少则五六个，多则几十个，每个人都有不同的做事风格，领导怎么可能适应得过来呢？让领导适应员工，实在太不现实。作为一名员工，如果你学会主动去适应领导的工作风格，才可能让领导懂你，你的工作也会朝着好的方向发展。

比如说：你的领导是雷厉风行的性格，那你就要调整自己的行为性格，任何工作都要给到他结果。而且，你也要注重效率，这样他才会对你满意，觉得你是值得被重用的。

安颖是一家大型公司的经理秘书，她的工作能力很强，领导对于她的工作都给予了肯定。

但是，自从留学归来的领导成了她的顶头上司之后，安颖就发现自己的工作进行得越来越不顺利。

新上司是接受过外国文化环境熏陶的，总觉得外国的工作氛围更好，在做事效率以及礼貌方面都比安颖做得好，对安颖的工作很不满意。安颖也觉得很委屈，新上司经常表意不明，而且容易着急，突然换了一种工作风格，谁能立刻就适应了？

可是，安颖是一个聪明的秘书，她知道领导永远不可能来适应下属，所以她立刻尝试改变自己的心态，尽力按照这位新上司的要求去工作。如果上司有表意不明的地方，安颖会适当地进行询问，慢慢地两人的配合越来越和谐，新上司也越来越看重安颖这个秘书。

时间久了，安颖学会站在上司的角度看待问题后，发现上司的很多决策都是非常有道理的。

即使你遇到的领导有一些"古怪"的习性，你也应该学会去适应。等到你适应了领导的风格而使自己的工作越来越顺利的时候，你也会切身体会到处在"领导"岗位上的无奈，也会更加理解领导，让彼此间的交流更加通畅。

那么，在职场，如何适应不同类型的领导呢？

首先，是卓越型领导。这种类型的领导往往有坚定的信念，顾全大局。他们不喜欢汲汲营营，刻意巴结讨好的员工，你只要将自己的本职工作做好即可。

其次，是常态型领导。这种类型的领导很讲究世故人情。你工作的时候要很有眼色，不但要将自己的本职工作做好，也要常常与领导沟通，尽心为领导解决烦恼，这样才会得到领导的欣赏。

最后，是开明型领导。这种类型的领导一般都有强烈地控权愿望和高明的控权手腕。面对这样的领导，你要树立诚信的形象，不在背后搞小动作，给领导留下你是值得信赖的印象。面对问题的时候，你也要多发表一些有见地的意见，向领导表明你时有很强的工作能力的。

第七章

爱是体谅，
别打着爱的名义给对方不想要的

1. 当你对老去的父母不耐烦，可想过他们的感受

"别再唠叨了"、"好了好了，我知道了"、"这种事情我自己会处理"……当我们长大了，这种不耐烦的话语常常出现在与父母的交流当中。长大了，对于我们来说就是逃脱了父母打造的牢笼，终于自由了。

当我们长大了，就会觉得父母的管制是那么多余，我们也自认为已经有了和父母说"不"的资格与权利，在说"不"的时候还要为自己的自私披上一层叫作"爱"的外衣。就像是，父母想为我们做些什么的时候，我们明明觉得不耐烦，却打着不想让他们操劳，为他们好的旗号，毅然决然地拒绝他们。

王蕊常年在外地拼搏事业，每次回老家都是来去匆匆。

当她回到老家的时候，父母便会围着她转，一会儿问她在外面累不累，一会又问她想吃些什么，让王蕊觉得烦不胜烦。本来在外面工作就已经很累了，想着回家能够轻松一些，没想到更烦。每次王蕊都是不耐烦地应付几句便回到自己的房间里面，没有看到后面父母失落的眼神。

等到王蕊要离开家的时候，她的妈妈就会不停地往包里塞

东西，腊肉啊、香肠啊、土鸡之类的。

王蕊又会不耐烦地说："行了，行了，装不下了，这么沉我怎么拿得动，再说这些东西超市里都能买得到。"王蕊说完，王妈妈塞东西的时候就会变得小心翼翼，嘴里还不甘心地说道："外面买的都不正宗，还是家里的好。"

当我们长大了，父母就好像变得多余起来，我们在外面对着外人都能够言笑晏晏，对着父母却分不出一丝的耐心。小时候，在我们的眼中父母都是说一不二的，等到我们长大了，角色却是互换了。我们开始对着父母说一不二，父母开始变得小心翼翼，小声地对我们说话，只是因为他们害怕我们烦，害怕我们生气。

不要总以为你和父母相处的时间还有很多，日本有一本叫作《别以为还有20年，你跟父母相处的时间其实只剩下55天》的书，里面给出了详细的解释：假如你的父母现在60岁，父母余下的寿命平均按20年算，一年的假期总共见6天，一天就算见11个小时，那么我们和父母相处的时间只有1320个小时，一天按照24小时计算，1320个小时仅有55天。而55天，能做什么呢？

有些东西，只有你失去了才明白它的珍贵，我们长大了觉得父母烦人的时候，却不知道"子欲养而亲不待"的痛苦。

在网络上曾经流传着这样一个帖子："在你很小的时候，父母教你用勺子、用筷子，所以当他们老了吃饭弄脏衣服时，请不要怪罪；如果有一天，他们站也站不稳、走也走不动了，请你抓住他们的手，就像当年他们牵着你一样……"

你觉得你和父母之间有代沟了，只是你在心中认为父母的思想已经跟不上时代的潮流了，你是接受了高等教育的新新人类，你和父母之间已经没有共同话题了。你却不知道，当你不耐烦的时候，他们的心中是多么难过。而你的自以为是，却是建立在他们爱的包容的基础之上。

王木常常和朋友说，父母年纪越大，越要将他们当作小孩来对待，对父母拿出十二万分的耐心。

王木说，近两年感觉特别明显，以前爸妈差不多一周就打一两次电话，现在恨不得一天打两三个。实际上，并没有什么大事，不过是生活中一些琐碎的像是电视坏了，保险不能用之类的小事罢了，王木从来不会不耐烦。

有一次，王木从花鸟市场买回了一盆水仙，王木的父亲问这是什么花，王木说是水仙。过了一会儿，父亲又问了一遍，王木依然耐心地回答，来来去去问了好几遍，王木依然不会不耐烦，等到父亲终于记住了，脸上露出了开心的笑容，王木心里也很高兴。

王木说，他有现在的成就都是父母养育的结果，他不想等到父母不在了之后，才去后悔当初为什么不对父母好一些。

其实父母并不会向你要求很多，只是希望你在空闲的时候能够多陪陪他们，在他们无聊的时候，你能够多一些耐心陪他们说说话，仅此而已。

还记得央视曾经播过这样一则公益广告《老爸的谎言》，

内容是女儿给老爸打电话。电话里父亲告诉女儿，自己要和老朋友出去玩，还要排练节目，每天都非常忙，一点儿都不闷。老伴出去跳舞了，不方便接电话。然而镜头转过，确是老爸孤独的身影和无尽的盼望与落寞，老伴生病住院了，他不想女儿担心，就没告诉她，只希望她好好工作。

父母对儿女的爱是无私伟大的，他们含辛茹苦地将我们养育长大，当他们老了的时候，我们也不妨多一点耐心，多几句问候，多一些关心，多送一些小礼物，多和父母互动……让他们在接受时光流逝的失望中也享受到亲情的温暖。

2. 完美的婚姻是不完美的两个人相互体谅

完美的婚姻是什么样的？有人说婚姻的主体是夫妻，完美的婚姻当然要以和谐美满为前提。一百年前的托尔斯泰也说过："幸福的家庭都是相似的，不幸的家庭各有各的不幸。"

当一男一女心动情起之时，都想要成为彼此终生的依靠，于是用法律的形式将彼此固定为合法伴侣，携手走进烟火人间里去。从此柴米油盐鸡零狗碎，快乐和悲伤都异曲同工似的。就像是我们在恋爱的时候，总是把婚姻想象得过于美好，觉得两人世界中尽是鲜花美酒。

然而我们却不知道爱情是缤纷多彩，婚姻却是千篇一律的。当荷尔蒙制造的激情退去，平淡如水的生活让很多人感到不适。对方身上在恋爱时觉得是优点的地方全部都变成了缺点，彼此觉得三观不合，于是争吵、冷暴力甚至是家暴出现了，婚姻成为了两个人的不幸。

李丽和杨方刚刚步入婚姻的殿堂，两个人在恋爱的时候浓情蜜意，周围的朋友都很羡慕他们两个。

然而婚后，李丽经常和杨方吵架，她想不明白为什么结了婚的杨方表现出来的样子和恋爱时完全不一样。

李丽和杨方两个人都上班，然而李丽下班回家之后还要做晚饭，做家务。而杨方呢，每天下班回家吃完饭就往沙发上一躺，开始打游戏，从来不会主动帮着李丽做一些家务。

李丽每次看到杨方舒服地躺在沙发上玩，心中就会不平衡，凭什么我也累了一天回家还要伺候你？

李丽就开始在杨方的耳边说让他也起来帮着做一些家务。杨方玩游戏正在关键的时刻觉得李丽在他的耳边唠唠叨叨实在是太烦人了，于是吵架开始。

吵得次数多了，两个人都觉得很累，一年之后就离了婚，很是让人惋惜。

婚姻是庄重的，不是用来戏耍的儿戏，它需要两个人共同去体谅和维护，有些人非常相爱，然而不懂得互相体谅，最后也只能惨淡收场。有些人，懂得细水长流的道理，生活中彼此包容，反而是别人眼中的幸福夫妻。

什么是完美的婚姻？就是在两情相悦之后的互相体谅和包容。金无足赤，人无完人。在生活中并不存在一个完美的人，每个人都会有缺点。结婚之后，两个人便要朝夕相处，如果你没有一颗包容的心，那么对方身上的缺点就会被放大。彼此互相看不顺眼，最后以分手收尾。

如果你结婚之后，觉得无法忍受对方身上的缺点，忍不住对方在耳边喋喋不休的时候，不妨来换位思考一下。先反躬自省地想一想自己在这场婚姻中表现是否完美。如果你自己都不是一个优质的公主，又怎能苛刻地要求对方是一个完美的王子呢？

当你历尽千帆之后，回头看一看当初那些吵架的理由真的是很可笑，甚至你都想不明白当初为什么会因为这样一些鸡毛蒜皮的小事吵嚷不休。

生活中，那些真正幸福的人都是在看伴侣的优点，而那些不幸的婚姻却总是在抱怨伴侣的缺点。当你在两情相悦之后学会互相体谅，你就会发现自己正拥有着幸福的婚姻。

杨绛和钱钟书常常被人们称为文坛伉俪，然而这样的大文学家，他们在生活中也不是完美的。

杨绛在《我们仨》中写到她生完女儿住院，丈夫钱钟书自己在家，每次到医院来探望，都会苦着脸坦诚自己做的"坏事"，不仅打翻了墨水瓶、扯掉了门把手，还摔坏了台灯。

可是杨绛听后非但没有生气，还笑眯眯地说："没关系，我会洗，我会修。"她知道钱钟书从小生活在优越的家庭环境中，不会打理生活，更不善打理家务，所以她随时准备"善后"。

正是因为杨绛能够包容钱钟书的缺点，互相体谅，两人才能够幸福地走到最后。

当然幸福的婚姻不仅仅是彼此互相体谅，还要给彼此足够的空间。世上任何一种能够持续且优良发展的关系，都是以各自的独立、相互的关爱为前提。记得有人说过："最好的夫妻关系，就是在枝繁叶茂的同时也能够保有完整的自我。"

很多夫妻常常走进一个误区、认为夫妻本为一体，就是要不分彼此才是恩爱的最高境界。然而这样做的后果就是将彼此逼进一个狭隘的空间，给对方造成一种你在操控他生活的感觉。每个人都是独立的个体，这种感觉相信任何人都不会喜欢。

我们常说人类是被上帝咬过一口的苹果，结了婚就意味着我们要接纳对方的全部。在以后漫长的烟火日子中，除了爱情之外还需要智慧、耐心和容忍。我们要记住，婚姻并不是拴住对方的绳子。在婚姻中，彼此互相尊重互相信任是前提，互相体谅互相包容是基础。

完美的婚姻，从来都是两个不完美之人的互相体谅包容和成全。

3. 不要把爱人的付出看成理所当然

在婚姻中，很多时候，"认为爱人对自己好是理所当然"的想法便是谋杀感情的元凶。在这个世界上，就算是父母也没有义务对你死心塌地地好，夫妻之间更应该遵循既有付出又有收获的对等法则。有人说，这样什么都算计不是太见外了吗？夫妻之间是爱人，是亲人，算得太清楚也未免太伤感情了。

但是换位思考一下，如果你是那个一直付出的人，你的伴侣一味享受却吝啬回报于你，你的心中会愿意吗？

林建最近一个月生活过得一团糟，因为他的妻子"离家出走"了。

事情的起因是这样的，林建的妻子在孩子出生之后，便做了全职主妇，林建则在职场打拼负担整个家庭的消费。

刚开始的时候，林建体谅妻子的不易，下班回家之后也会帮忙照顾孩子。时间久了，林建心中就不耐烦了，经常打着加班的名义在外面躲清静。

有一天孩子生病了，林建的妻子很着急，就打电话到公司想让林建早点回家送孩子去医院，结果发现林建根本没有在公司加班。

妻子和林建大吵了一架，林建吼道："你不就是在家里做做家务，带带孩子吗？能有我在外面上班养家累吗？"

　　妻子听了很伤心，当时就回了娘家。而没有了妻子的照顾，不到一个星期林建就受不了了，家里弄得乱七八糟，孩子他也照顾不好。林建这才明白平时妻子付出了那么多，而他一直认为是理所当然的。

　　第二天，林建就去和妻子道歉，将妻子请了回来。

　　不要认为伴侣的付出是理所当然的，要知道在生活中伴侣并不是我们的保姆。如果夫妻双方一方拼命地付出，另一方心安理得地索取。长此以往，付出的一方只会觉得身心俱疲，即使嘴上不说，心中也会对伴侣有意见。等到浓烈的感情慢慢被消耗殆尽，付出的人在对方的身上感受不到温暖的时候，便会下意识地选择逃离这个家庭。

　　正如电视剧《我的前半生》中的罗子君和陈俊生的关系一样，罗子君不事生产，只喜欢逛街买名牌，将丈夫的付出当成理所当然，对丈夫的工作毫不关心，使陈俊生心灰意冷，于是他们的婚姻出现了危机。为什么我们都把好脾气留给外人，却把坏脾气留给最爱的人？是因为在我们的潜意识当中认为即使自己无理取闹，对方也会包容自己，我们习惯了对方的付出，却忘记了感恩。

　　感情是两条双行线，每一次的关心、爱护便是彼此的交互点。当夫妻双方都互相关心对方，乐意为对方付出的时候，这两条双行线便会因为相互交叉越来越靠近，最后你中有我，我中有你，成为世界上最亲密的关系。若是只是一方努力向你靠近，你丝毫不理会一路朝前奔去，时间久了，对方也放弃了靠近你，你们两个渐行渐远，最后成为两条永远不会交互的平行线。

将对方的付出当成理所当然，是很多婚姻悲剧的根源。因为"理所当然"在生活中最直观的表现便是对爱人的付出熟视无睹，甚至是冷漠，这样很容易让爱人伤心甚至让对方彻底死心。

沐晴是一个很知道感恩的人，和丈夫结婚十年了，虽然不能说恩爱如初，但是两人之间的温馨是很多年轻人比不上的。

朋友们常常羡慕沐晴的老公对她是多么好，从来不会忘了沐晴的生日，平时也会送些小礼物浪漫一下，于是纷纷向沐晴打听一下夫妻关系的秘诀。

沐晴笑了笑说道："你们只看到他对我的好，却没有看到我对他的付出。作为妻子，我从来不会认为老公对家庭的付出是理所当然的，我会感恩他对我的好。比如说：我会孝顺公公婆婆，在结婚纪念日或者他的生日的时候也会准备一份他喜欢的礼物。如果他应酬回来晚了，为他煲一碗暖胃的汤。如果他的工作不顺利了，及时安慰他并且帮助他分析原因……总之就是一句话，将他的事情放在心上，这样他也会感念我的好，日子自然越过越和美。"

众人听了，若有所思地点了点头。

一段婚姻是两个人的缘分，想要婚姻幸福，我们就不应该理所当然地享受对方的付出，要经常关心对方，若是对方受了委屈，及时安慰并且同仇敌忾，让对方也能从你这里得到温暖和爱的鼓励。十年修得同船渡，百年修得共枕眠，茫茫人海中，两个人能走到一起并不容易，且行且珍惜。

4. 当爱变成无休止的唠叨，你也会受不了

在中国人的思维当中，唠叨是一种爱的体现，无论是父母对子女，还是妻子对老公或者老公对妻子。常说的一句说便是："如果不是爱你，你以为我愿意管你，唠叨你吗？"然而当爱变成无休止的唠叨，谁也受不了。现在我们从两个角度去分析无休止的唠叨的危害。

先从父母的角度来说。父母含辛茹苦多年将你养育成人，在他们的眼中你理所当然地要听他们的话，一旦你做出了他们不赞同的事情，便会声色俱厉地阻止你。若是你不听，他们就像变成了复读机一样在你的耳边喋喋不休地重复着一样的话。若是你反抗，还会担心伤了他们的心。

王娜生活在一个小城市，她大学所学的专业在家乡根本没有什么发展，王娜于是想去北京闯一闯。

王娜想得到父母的支持便将自己的想法和父母说了，谁知道不但没有得到支持，父母反而非常反对。

他们认为王娜一个女孩子，不需要千辛万苦地跑到北京那

么远的地方打拼，只要在县城里面安安稳稳地上班，等到了年纪就嫁人，平平淡淡地过一辈子才是对她最好的。

王娜和父母详细说了自己的理想，父母都置之不理，还一个劲儿地给王娜灌输去北京多么不好之类的，常常在王娜的耳边唠叨说，他们小区谁谁的女儿去了北京结果过得特别不好，而且他们年纪大了，不希望离着王娜太远这类的话来打消王娜的念头。

王娜被父母唠叨得烦不胜烦，和父母爆发了好几次激烈的争吵，弄得家里的气氛特别紧张。

在父母的眼里，孩子就是他们的附属品，必须按照他们的行为意志去做事，但是他们忘记了孩子也是一个独立的个体，也有自己的思想。他们将自己的思想强加给孩子，这是一件不公平的事情。

当然作为子女，我们不能直面顶撞父母，那样只会将事情弄得更糟，父母伤心，你的心中也不痛快，最后事情无法收场。我们要明白，父母唠叨的出发点也是因为爱自己。当遇到分歧的时候，不妨平时多说一些自己的想法，潜移默化去软化父母的态度。很多人认为只要成为了夫妻，便能够凭着自己的意志去改变对方，最常用的方式便是在对方的耳边唠叨个不停。

一念嗔心起，百万障门开。"殊不知在夫妻相处的过程中，最忌讳的就是唠叨不断。当对方在做事情的时候，有人在旁边一直碎碎念，那感觉就像是有一只蚊子在自己的耳边嗡嗡叫个不停一样烦人。

陶乐丝·狄克斯认为："一个男性的婚姻生活是否幸福与妻子的性格有很大的关系。如果妻子的脾气急躁又唠叨，还爱喋喋不休地挑剔。那么，就算她拥有普天下的其他美德，也都无济于事。"

著名心理学家托曼博士，曾经对1500对夫妇做过详细的调查。调查显示，在丈夫的眼中，妻子最大的缺点莫过于唠叨和挑剔了。由此可见，一个喜欢唠叨和挑剔的伴侣，对于家庭的稳定是多么大的危害。当然，对于妻子来说亦然。

薛昊有一个很喜欢唠叨的妻子。

这天他下班回家，刚进家门还没等歇口气，就听到他妻子在那里喊："哎呀，你怎么进屋不换鞋啊，你没看到我把地板擦得那么干净吗？赶紧把鞋子换下来，脏不脏啊？"

薛昊无奈，赶忙将鞋子脱了下来。想到妻子平日的辛苦，薛昊去了厨房打算帮着妻子洗菜，还没等洗几棵就听到妻子说："你还能干什么？连菜都洗不好，你看看叶子上还有泥呢。"薛昊心中憋了一口气，将菜放下就去客厅里坐着看电视了。

他的妻子依然不依不饶地跟了过来，"怎么，你自己做得不好我还不能说你几句了，就知道看电视，就不知道帮帮忙吗？我一天到晚多辛苦。"

薛昊听了气得关了电视就进卧室里躺着睡觉。等到饭做好了，他的妻子进卧室说道："你现在还真是长本事了哈，我才说几句你就生气，甩脸子给谁看呢？行了还不赶紧来吃饭。"

薛吴气呼呼地说："不吃，让你气都气饱了，你自己好好享受吧。"然后，一场家庭战争就这样爆发了。

其实夫妻间的吵架，就是因为其中一人抓着一些鸡毛蒜皮的小事唠叨个不休。没有人喜欢自己做事的时候有一个人在旁边指手画脚的。

生活中，如果你实在是想要对伴侣唠叨和挑剔的时候，先在脑海中想一句话："行有不得，反求诸己。"意思就是，当你觉得家庭生活不顺心的时候，不要一味盯着对方的错误，先反思一下自身是否存在过错。两个人一起生活，难免有磕磕绊绊的地方，当双方都学会了忍让，就会发现生活的美好。

5. 爱情中，谁先低头道歉有那么重要吗

男：凭什么每次吵架都是我道歉？

女：他这么久还不给我道歉，是不是不爱我了？

在爱情中，每个人都喜欢扬着高高的头颅，把"谁先低头道歉"看得无比重要，好似谁先低头谁就输了一样。然后吵架了，为了那一点点无谓的自尊心，谁都不肯先低头道歉。你打死不认错，他坚决不回头，本来可以坐下来好好沟通的两个

人，在彼此的消耗中逐渐变成陌生人，可不可惜？

电影《前任3：再见前任》中，孟云和林佳两个人谈了五年的恋爱，最后却因为一点小事分手。

两个人有无数次回头的机会，只需要其中一个人先低头，哪怕发出一条关心的讯息，两个人就能和好如初。虽然都舍不得这份感情，但是两个人都要面子，心中都憋着一口气，谁都不想先低头。

一个心中想着不会走，一个心中想着会挽留，想要道歉又都绷着不道歉，最后憋出内伤，各自安命。

两个相爱的人在一起久了，荷尔蒙退却，原本因为热恋掩盖的缺点显露出来，肯定会吵架。

有的女人下意识地便认为男人就应该让着女人，吵架了就应该男人先道歉。而男人呢，在他们的心里认为女人一定要乖巧听话，吵架了自己先低头的话怎么对得起自己的男儿气概。

吵架了，每个人都等着另一个来主动示好，两方都僵持着，直至感情冷却。到最后，两个人都心灰意冷了，想要彻底放弃这段感情。为了这一口"爱情的气"，失去了陪伴你一生的爱人，到底是输还是赢？

很多时候，一对情侣，吵架了谁先低头道歉根本没那么重要。一个高情商的人明白什么对他才是最重要的，所以有的人和自己的爱人吵架了，愿意先向对方赔礼道歉。因为他愿意换位思考，两个人吵架肯定是彼此有不合拍的地方，责任或许在自己，也可能在对方身上。可是生活还是要继续，他还爱着对方，不必为了计较一时的输赢让整个生活都变得鸡飞狗跳，冷暖无人知。

人们常说："十年修得同船渡，百年修得共枕眠。"两个人也许需要十世的缘分才能换得这一世的相遇。一段恋爱关系想要长久，需要两个人去共同维持，不必非要去争个高低上下，彼此包容，才能够和谐恩爱，长长久久。

王毅是朋友圈中公认的好好先生，很多女性朋友都羡慕王毅的女朋友。

有一次，王毅和女朋友吵起来了，然而没过多久，王毅就像一个孩子一样站在女朋友的面前认错讨好，一米八的大个子弯着腰撒娇卖萌的样子显得格外滑稽。

朋友们都笑话王毅没有男子气概，太宠女朋友了。王毅倒是笑着说道："她是我女朋友，我不宠她宠谁？"

王毅的女朋友听了笑得很甜蜜。然后说其实很多时候他们两个吵架，大部分都是她做错了，但是永远都是王毅先低头认错，她很感动，在心中发誓以后要对工毅更好。

两人的感情越来越好，最后修成正果。

人们常说，在感情中争强好胜的是傻子。爱情本来就不是可以用来斤斤计较的，没有付出多少的比较，也就没有谁先低头谁就输了的衡量。

如果你是女人，和你的老公吵架了，不妨多为他着想一下，他在外面辛苦打拼都是为了你们这个小家庭。你更应该体谅一下，撒娇一下，关系很快就变好了。

如果你是男人，和你的老婆吵架了，不妨多为她着想一下，她为你生儿育女，每天洗衣做饭，就是为了让你下班回家有一个温馨舒适的环境。也许她会有一些小脾气，但是你作为庇护她的大树，不是更应该多包容她吗？

不过我们同时也要注意：在感情中不能每次都是一个人妥协，次数多了，对方就形成了习惯，最后换来的都是对方的不珍惜。

所以，在感情中没有特定的谁对谁错，能够彼此换位思考，相互理解更重要。而且吵架的时候，不是说谁低不低头的事，更应该做的是要知道因什么吵，而且说一件事不要说到第二件事，如果错了就大方地承认错误，有理的一方也不要太计较。

还有，在爱情中，那个愿意先低头认错的人一定是非常爱你的人，我们要学会珍惜。

6. 不要偷看对方的手机，哪怕以爱的名义

夫妻是一种很亲密的关系，但是再怎么亲密都要保持一个合适的距离，而很多人往往都把握不好这个度。就像是偷看手机这一条，很可能会给夫妻之间造成巨大的危机。手机现在已

经成为了我们生活中的必备品，它里面有很多我们自己的小秘密。很多夫妻常常打着爱对方的名义，偷看对方的手机。

一旦对方给手机设置了密码，便会怀疑对方是不是做了对不起你的事情，以至于惶惶不可终日。直至控制不住自己偷偷查看对方的手机，被对方撞破，尴尬之下想要掩饰自己最初的目的，最终演变成一场家庭大战。

在我们的生活中，除了工作、同事、爱人、家庭以外，还会有朋友、闺蜜、知己……也有一些我们并不想让别人知道的小秘密。有人说，夫妻并不是别人，但无论是谁，再亲密的关系也不想将自己完全暴露在对方的眼皮之下。而偷看手机这种行为，已经属于侵犯对方的隐私了。

李美最近和朋友抱怨说实在忍受不了男朋友的行为了。朋友问她怎么回事？李美于是将事情的始末娓娓道来。

最近一段时间李美的男朋友突然多了一个喜欢偷偷看她手机的习惯。有一次，李美正好洗澡出来，就看到她男朋友慌慌张张地将她的手机放回桌子上，还一脸欲盖弥彰地说有人给她发消息。

当时李美也没有放在心上，真以为是有人给她发消息，后来又碰上了好几次，李美的心里就很不舒服。

"你说他是不是在心里怀疑我，如果他想要看我的手机和我说一声，我难道会不让他看吗？现在偷偷摸摸真不是一个大男人该有的行为。"李美气愤地说道。

其实在生活中，很多人都会犯李美男朋友这种错误，容易把彼此感情最热烈的状态当成相处的常态。在这个时候，可能互看手机也会成为彼此的特权。但是我们要注意的是，千万不要把这种特权滥用或者觉得对方就应该如此。

当对方将手机设置了密码，不愿意给你看手机的时候，心中也不要疑神疑鬼，他只不过是从感情的过度热恋恢复到了平常而已。在这个世界上，每个人都是独立的个体，只有彼此尊重信任，相处才能和谐愉悦。记住：不要去偷看对方的手机，当你在偷看伴侣手机的那一刻，你对于伴侣的信任就已经荡然无存。如果真的看到什么不和谐的内容，那等待你的将是无尽的猜忌。那种抓心挠肝的窥私欲，便会进一步破坏你们之间的关系。

就算你再爱一个人，也要给彼此留有喘息的空间。叔本华曾经通过描写刺猬过冬时的场景来讲述人与人亲密有间的关系。

"在冬天里，天气异常寒冷，一对刺猬想要相互取暖，却发现彼此之间总要隔着刺的距离，否则彼此的刺可能会刺伤对方。当他们隔着这层刺拥抱的时候，这种有距离的拥抱，反而让彼此更加舒服与温暖。"

人与人之间的相处，就像是刺猬拥抱取暖一样，需要保持一种有效的安全距离，自己和对方都有一个相对独立的空间，这样的相处轻松愉悦又不失温情。

当然，这并不是说你可以利用这个借口光明正大地用手机和别人搞暧昧。在感情中，忠诚是最基本的。时代快速发展，诱惑也变得多种多样，这需要每个人自觉去遵守，去克制。忠于一段感情是做人的最基本原则。

爱的本身应该是一种自然而然的幸福体验，而不是在彼此的脖子上套上一副枷锁。可以换位思考一下，如果有人打着爱你的名义，不断地去侵占彼此之间爱的距离，直至跨越爱的安全边界，你会不会崩溃？

有的人说，我愿意去看对方的手机，不过是因为太爱他，想要了解他的全部。然而这只不过是你为了满足好奇心和窥私欲找的漂亮的借口罢了。当你第一次偷看对方手机的时候，忐忑又刺激，你觉得你离他又靠近了一步，却不知道你亲手将你们的关系陷入了危险的境地。

偷看手机成功，你就想知道他在外面没有你的生活是怎样的？在这种状态下，你很容易患得患失，变得只想时时盯着对方，然后一步步地完全监控这个人的生活，让自己和对方都心累又心烦。请记住，亲密有间远比亲密无间能获得更多的爱与尊重。

"亲爱的，你想要看我的手机吗？"王倩拿着自己的手机对着旁边的男朋友孙斌问道。

"不需要。"孙斌一边刷着自己的手机一边摇头说道。

"那，我都愿意把自己的手机给你看了，你是不是也应该把手机给我看看？"王倩并没有气馁，继续说道。

听到这里，孙斌总算是明白了王倩的意思，他停下了手边的动作，抬起头看着王倩严肃地说道："我不想看你的手机，也不希望你看我的手机，我们应该尊重对方的隐私。"

"你根本不爱我。"王倩委屈地哭着喊了一句就跑回了卧室。

爱情中，不需要去试探。就算是伴侣也不希望自己被对方看得太透彻，当伴侣之间没有隐私可言，自然就会想要从这段感情中逃之夭夭。我们要明白，爱，不是负担，更不是对方脖子上的枷锁。我们要尊重伴侣，从不偷看对方的手机做起。

7. 有一种道德绑架叫"我还不是为你好"

"工作做得怎么样？工资多少？""谈恋爱了吗？要不要给你介绍个女朋友？""买房了吗？"……随着我们长大，这些来自旁人的追问经常出现在我们的耳边。当然除了旁人，类似这样的问题更多的是来自父母，有一种叫作"妈妈的冷"，有一种叫作"我是为你好"的爱。在这期间，一旦你表现出半分不耐烦，询问者立刻冷了脸，大义凛然地说道："我还不是为了你好。"从此，便借着这件事斥责你不懂事。

那些人赤裸裸地打着"为你好"的名义，用道德来绑架你，肆意干涉侵犯你的人生，并且要求你微笑着去接受，不容许你有任何反驳和质疑。

刘卉在北京有一份还不错的工作，是一家小公司的元老级员工，她是一开始就跟着老板将公司从一穷二白做起来的。

尽管每天加班到深夜，但是刘卉自己非常享受这个打拼的过程。老板对她也很好，公司有了规模之后，便让她带领一个团队，白纸黑字许诺了未来的期权。

由于整日忙于工作，刘卉根本没有时间谈恋爱，这可急坏了她的父母。

他们先是苦口婆心地劝她："这样在北京不是个办法，你一个姑娘，拼什么事业，早早嫁人才是正经事。我们这样说都是为了你好，我们是你的爸妈，难道会害你吗？"见刘卉不为所动，直接下了死命令，让刘卉赶紧回家相亲，考公务员，过"正常"的生活。

后来刘卉的母亲更是直接杀到了刘卉的公司大闹了一场，刘卉当场崩溃大哭，她妈妈还在旁边说"我这样做都是为了你好"。最后，刘卉不得不走人。

事实上，有一种父母，他们的确是倾其所有地对你好，他们每天醒来第一个想到的人绝对是你。他们为你做早餐，为你洗衣服……帮你打理一切你不愿意动手的事情。他们认为对你管东管西，只是为了不让你走上歪路。你若是因为他们管得太多而委屈，那他们还会觉得自己比你更委屈。

你想和他们说这样"帮助"并不是你想要的，他们的行为已经严重地限制了你的自由。但是他们并不理会，他们觉得你需要，你就是需要。只是因为"我都是为了你好"这句话而已。

在他们看来，他们这样做都是为了你好，所以他们可以将这种以爱之名的绑架行为做得光明正大。他们显然忘了，爱应该是建立在一个人与人平等的基础上。

当然除了父母之外，生活中这种例子数不胜数。朋友之间、伴侣之间、亲戚之间……好像都特别喜欢打着"为你好"的名义，将一只脚悄悄踩过界。以爱之名，行伤害之事。其实"我是为了你好"这种说法更多的是喜欢对别人的事情指手画脚。

如果你也喜欢打着这种名义去干涉别人，不妨换位思考一下，如果有人老是用这种名义来干涉你，你会高兴吗？当你要对别人说"我是为你好"这句话时，想一想，你是真的在为对方着想吗？你有设身处地地体会过他的感受吗？我想答案多半是否定的，大多情况下，你只是为了证明自己是对的，对方是一个蠢货而已。

所以，无论是出于什么理由，我们都不应该用道德去绑架另一个人的人生，我们可以建议，但是不能取代他去做决定。

在很多情况下，"为你好"的背后，是你根本不相信别人有把握自己幸福的能力。当朋友向你倾诉烦恼的时候，你居高临下地教人家怎么做，大有指点江山之感。你虽然嘴上不说，但是在心中自然而然地带着一种优越感，觉得自己就是比对方厉害。然而这只不过是你的自我感觉良好罢了。

如果你有这种行为，请赶紧适可而止。若是有"忠言逆耳"的话多和自己说说就行了，不要一副语重心长的样子去教育别人。一上来就是："我说句你不爱听的话，我都是为了你好……"接着就是全盘否定对方，打击对方，丝毫不管别人到底爱不爱听。

林越和汪洁认识7年了，最近林越却被汪洁拉黑了。起因是汪洁来找林越哭诉考研的困难，这次考研她又失败了，想着接下来的复读就胆战心惊。

林越觉得和汪洁认识的时间比较长了，说话就比较随意，说道："我早就知道你不适合读书，当初考大学都复读了两年，更何况是千军万马过独木桥的考研。再说了，你现在的年纪也老大不小了，还是赶紧找个工作吧，我可以帮你介绍。我说这些可都是为了你好啊……"

林越说，汪洁的脸色越难看，等到回家之后，更是直接和林越绝交了。林越实在想不通她怎么得罪汪洁了，她说的可都是为了汪洁好啊。

真正为了一个人好，不要用一句"我是为你好"去道德绑架他，用对方能够接受的方式，不求回报，和每个人都保持着安全的社交距离。若是你觉得对方前行的道路很危险，不要直接否定他，应该是委婉指引之后，默默地在他身后随时接应他。

8. 婚姻中的"牺牲"变成负担，早晚吓跑对方

很多人觉得，婚姻是很神圣的，几乎每个人都曾对婚姻抱有美好的幻想。但是很多人结了婚之后，却发现生活中的油盐酱醋茶和自己想象的浪漫生活大大不同。更有人疑惑，自己为了这个家庭付出了那么多，为什么家人就是不理解。

事实上，在家庭中，很多时候你的过度牺牲往往会让你对伴侣乃至生活越来越不满。而当你的"牺牲"变成对方的负担之后，对方不但不会感激你的"牺牲"，甚至会觉得这种"牺牲"让他很累，对家庭产生厌倦的情绪，从而生出逃离家庭的念头。

孙晓莲和李庆杰已经结婚五个年头了。为了好好照顾伴侣和即将出世的孩子，孙晓莲辞去了自己工作，回归家庭，做起了全职太太。

妻子回归家庭，李庆杰升职加薪，生活和谐而美满。可是最近妻子的行为却让李庆杰觉得越来越不可理喻。

最近孙晓莲总是动不动就对他发脾气指责一通，有时甚至对他进行人身攻击。常常以"我为了你牺牲了事业，照顾家庭"为开头，以"可是我却什么都没得到，你还这样对待我，你个没良心的"为结尾。

随着李庆杰事业的发展，孙晓莲变得不自信而且多疑，常常查看对方的手机，盘问老公的行踪。她觉得自己为他放弃了

工作，实在不值又委屈。

这使得她长期陷于痛苦，又让李庆杰不胜其扰。

我们要明白，在家庭中一方过度的"牺牲"并不是爱，而是不能承受的负担。如果你将自己放在家庭"牺牲"方的位置，长此以往，当获得和付出不成正比之后，你就会产生无法控制的愤怒和压抑的委屈。这个时候，愤怒和不甘蒙蔽了你的眼睛，你只能看到自己为了家庭的"牺牲"，而看不到伴侣对家庭的贡献。

事实上，这种"牺牲式"的付出，在现在的家庭关系中非常常见。很多人为了家庭，失去了自我，完全成了一个为伴侣或者孩子而活的人。这样的人既压抑又隐忍，事事都是以伴侣或者孩子为先，他/她的口头禅常常是："我还不都是为了你"。一旦伴侣或者孩子做出了不合自己心意的事情，便会陷入自怨自艾，为自己的牺牲感到不值。

这种"牺牲式"的付出，不会给任何人带来幸福，伴侣和孩子时时活在你这种"牺牲"的阴影之下，他们常常需要为了你的"牺牲"而做出让步。但我们要明白的是，现在已经不是那个为了让谁活下来就需要牺牲自己的年代了。时代飞速地发展，机会变得越来越多，即使你不"牺牲"自我，也能够将生活过得非常美满。

在我们的认知中，牺牲常常意味着伤痛，意味着不公，只要有伤痛和不公，就会希望获得代价和补偿，一旦想要获得代价和补偿就会破坏两个人的关系甚至整个家庭的关系。

如果男女双方获得的幸福，是通过某一方的"牺牲"而获得的，那么他们的关系不仅不会变得稳定，幸福也不会持久，往往还会出现各种问题。

维护一个家庭，需要的是两个人的努力，而不是其中某一个人的"牺牲"。在家庭中无论是哪一方"牺牲"自己，成全别人，都会变成对方生命中不可承受之重。

在婚姻中，很多女性都会走入一个误区：她们认为当自己为家庭、为伴侣付出了更多的心血，奉献了更多的自我的时候，就能得到对方更多的爱。

但研究发现，实际上恰好相反。那些常常"牺牲"自我的女性很容易活成生活中的"祥林嫂"，而那些越是爱自己，活出自我的女性，反而越容易拥有一个更爱自己的伴侣和非常美满的婚姻生活。

苏青是朋友圈中公认的不懂事姑娘，结婚多年，她过得肆意潇洒。

她从不认为女性在家庭中就应该处于弱势的一方，也从来不会主动去为了伴侣牺牲自我。让人奇怪的是，这样她反而活得很幸福。

她会做饭但是不经常下厨，偶尔煲个汤，她老公就高兴得不得了。不会将自己的时间牺牲在做家务上，请个钟点工，家里一样干干净净。若是想出去旅游了，就让老公挑出时间，一起出去走走……后来生了孩子，苏青也没有将孩子完全包揽在自己身上，反而是她老公带的更多一些，理由就是她老公换尿布换得更好。

而她空闲时间便敷一敷面膜，做一做瑜伽，尽快恢复体型。就连苏青的娘家人都看不惯她的做法，常常来劝她做人媳妇不能这么肆无忌惮，小心她老公对她不满。苏青不予置喙，依然我行我素。

然而让人大跌眼镜的是，苏青的行为不但没有导致家变。在后来，她老公总是把工作上的应酬推掉，说要回家陪老婆孩子，比结婚之前更顾家了，俨然变成了一个"三好先生"。

众人纷纷不解，为什么自己为了家庭牺牲了那么多，反而还不如"自私"的苏青过得幸福呢？

婚姻是两个人的事情，在婚姻中一点儿不牺牲是不可能的事情，但是并不能一方一味地付出。过度之后，便会造成这关系的失衡，逃离的逃离，痛苦的痛苦。每个人都是独立的个体，在婚姻中我们不应该通过"牺牲"自己，达到牵绊伴侣的目的。我们是有能力让自己活得幸福的，不必通过自我牺牲的方式去获得。

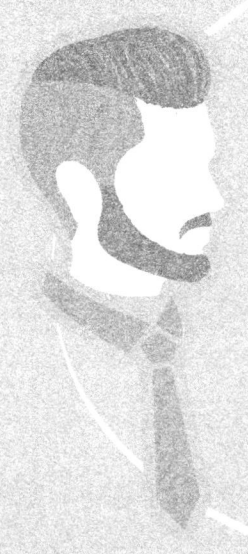

chapter 8

和你一样，
别人也想结交比自己优秀的人

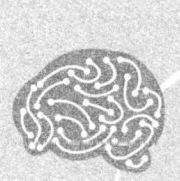

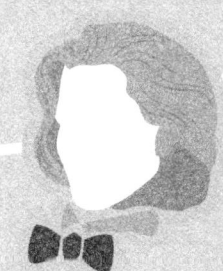

1. 没点资本，别人凭什么要对你感兴趣

生活中，常常听到有人抱怨公司环境不好、老板处事不公、朋友不够义气、自己怀才不遇。认为自己的一身才华根本没有用武之地，于是整日哀叹命运不公，成天满腹牢骚却不思进取。但是他们却忘记了，如果你自己本身没有资本和能力，别人又怎么可能对你感兴趣？

就拿砖头和泥巴来对比，一块砖还有立起来的可能，但是一坨泥巴呢，无论怎样都是站不起来的。人也是如此，当你有资本和能力的时候，别人自然会看见并且提拔重用你。如果你像是一坨泥巴一样，需要别人的帮助才有站起来的可能，别人怎会愿意在你的身上浪费资源呢？

王新在外企公司做白领，但是他始终觉得自己的才华没有展现出来，如果展现出来肯定能够得到老板的赏识。

他经常想：如果有一天能见到老板，在老板面前有机会展示一下自己的才干就好了！王新只是沉于幻想，从来不行动，每天无精打采地坐在办公室里，要不然就是和同事抱怨自己的

不得志。

同事听得烦了，说道："如果你真的想要得到老板的重用，就去打听老板上下班的时间，算好他大概会在几点几分进入电梯，然后跟上去，这样说不定会在电梯里遇到老板。或者你多去了解了解老板的奋斗历程，弄清了老板是从哪个学校毕业的，老板日常交往的人际关系，关心的问题是什么？遇到的时候就会有话说，一定会给老板留下好印象的。"

王新听完赶忙摇了摇头说道："这也太麻烦了，我肯定做不来。"同事鄙视地看了王新一眼，就不再和王新说话了。

虽然说没有人愿意成为一颗没用的棋子，但是像王新这样的人，自身不想努力只想通过别人的帮助来获得成功，就像一坨立不起来的泥巴一样，没有哪个老板会对他有兴趣，更不用说提拔重用了。职场上的白领们，都是要通过自己的拼搏才能创造出灿烂的明天。这个时候，你的能力就是你的资本。如果抱怨有用，能够解决问题的话，那么这个世界上恐怕人人都是大富翁了。

事实证明，别人越是关注你，你成功的机会就越大。当然这里并不仅仅指"硬件"上的优势。学历固然种种，但是能力才是你在职场上如鱼得水的根本条件。尤其是在社交方面，情商和智商缺一不可。

你在公司中想要得到老板的关注，最基本的就要将你的工作做好，甚至做到极致。这样就算你不想出风头，老板也会觉得你是一个人才，进而重用你。所以，与其在那里抱怨，不如行动起来，充实自我，提高自己的能力。

这种提高的能力指的是多方面的。在社会上，谈吐文雅和风趣幽默的人远比沉默寡言的人更容易受到关注，善于交际的人远比空有技能的人拥有更多的人缘和成功的资本。不要一味地只去提高自己的专业技能，让自己成为多方面的人才。如果你说，我是一个专一的人，只能选择一样才能去发展。那一定要选自己的专业技能。术业有专攻，有技能的人肯定要比那些夸夸其谈，空有言论的人更容易得到老板的重用。毕竟，是金子在哪里都会发光的。

袁明向朋友抱怨总得不到老板重用，他觉得老板做事很不公正，决定愤然离开公司。朋友就问他："如果你离开公司将会对老板有多大影响？"袁明说："没有一点儿影响，老板根本不重视我。"

朋友就故意说："那你这样离开公司，也太便宜了老板。倒不如这样，你继续在公司干下去，并尽可能多地掌握公司的技术和业务等各方面的信息，等到你掌握得差不多的时候，你再向老板提出辞职，这时公司的损失就大了。"

袁明觉得朋友提出的建议很有道理，决定听从朋友的建议留下来，然后拼命地学习知识，尽快提高自己的能力。过了很长一段时间，一天朋友遇见他，问他现在在哪里工作？他说还在原来的公司。

朋友奇怪地问道："难道这么长时间，你还没学会公司的业务吗？"

袁明回答道："恰恰相反，我现在已经熟练地掌握公司的技术和业务，老板看我有能力，主动给我升职加薪了。"朋友听后哈哈大笑。

如果一个人只会抱怨，那他终将一事无成。当我们得不到老板的关注和重用的时候，我们最应该做的就是积极地投资自己，提升能力，让自己有足够的资本站在老板的面前。因为在你不给自己充电的时候，很可能过不了多久就有人来替你站岗了。另外，除了拥有资本之外，在职场上，我们还应该积极表现。但是绝不能做背后小人，竞争要光明正大。

2. 如果是你，愿意和一味索取的人交往吗

不少人认为，只要认识就是朋友，于是心安理得地求人，一味地靠着他人的帮助与馈赠，结果成了一个让人讨厌的只懂索取的人。

"请你以后不要再让我给你家孩子投票了，我已经把你拉黑了。"张菲发出这条消息后迅速拉黑了孙羽。

总是收到孙羽让给他们家孩子投票的微信消息，张菲觉得不胜其烦。更可笑的是，孙羽和张菲不过见过几次面，加了下微信，孙羽就将张菲当作好友"用了"起来。平时，孙羽除了

偶尔给她的朋友圈点下赞外，并没有和张菲交流过。

她顺便又清理了一些手机上很久没有联系的"好友"，有的以前是挺熟的，但是渐渐断了联系，互相早已没有了问候。

当然张菲并不是平白无故地清理他们的，他们中很多都是每天不厌其烦地给张菲发广告。不是给张菲推荐项目，就是让张菲帮忙推销化妆品，要不就像刚刚那个孙羽一样让张菲给她孩子拉票。

"这种事儿总找我，怎么发红包的事儿不找我呢。"张菲删完好友，轻松地关掉了手机。

微信里的这种人，就像是你走在大街上，硬是要拉你进不正规的美容院的推销人员一样讨厌。

这世上没有什么是理所当然的，只知道一味向别人索取，就是对别人价值的轻视和不尊重。只知道一味索取而不知道感恩的人，没有人会喜欢。

反之，那些索取后懂得感恩回报的人，更能受到大家的喜爱和尊重。比如《红楼梦》中的刘姥姥形象虽然卑微，但是作为小人物的她懂得感恩图报，也受到了大家的尊重。

刘姥姥是那个封建时代中极其卑微渺小的底层人物，因为穷苦的生活她曾舍下老脸，到富贵的荣国府求助。

首次进贾府，刘姥姥家业萧条，到贾府攀亲，寻求救济。王熙凤自掏腰包施与刘姥姥，使这个庄户人家渡过了难关。

刘姥姥再次进大观园，带着许多家乡的土特产，虽然这些东西在富贵人家眼里并不稀罕，但是这是她拥有的最珍贵的东西了。而且为了逗贾母开心情愿扮丑也不觉得难堪，因为那是她力所能及的事。她给王熙凤排忧解难，治愈了王熙凤的女儿并给其女起了有利于命运的名字。

后来，在得知贾府被抄后她为恩人难过，贾府已经败落了，她仍然去探望曾经的恩人王熙凤，并受其所托竭尽全力救回其女，甚至不惜卖房。

受了别人的好，不论你能回报多少，只要你愿意表示谢意，曾经的那个施以援手的人也会觉得感激和欣慰。因为任何人都希望自己的心意能得到同等的珍情，如果没有能力回报哪怕用谢意来替代，也比只知索取来得强。只知道索取的人，令人心寒，不值得任何人的同情和帮助，并且没有人愿意和这种人产生瓜葛。

张海迪曾说，"人生真正的意义在于贡献，而不是索取。"

只知道索取的人，心中就像沙漠，吸收别人播洒的露水，却不生草木方便他人。若是不知悔改，迟早也会变成一片荒芜孤单的沙漠。

只知道索取的人，不会交到真正的朋友，他会让亲人觉得不堪负重，让爱人觉得疲惫不堪，更不能给他的孩子树立一个积极向上的榜样。一个只知索取不知回应的，久而久之，甚至会失去他的爱人、亲人、朋友……

无论你是不是只知道索取的人，试试下面这些方法，你会变得更受人欢迎。

首先，主动帮助别人。

生活中，工作中，我们都不能作为独立个体而存活、发展。每个人都有需要别人帮助的时候，而且互相扶持互相帮助可以让我们获得更好的生存环境。但是，如果你想获得别人的帮助，首先要向别人伸出援手。当你先向别人伸出援手时，别人才可能在你急需帮助时帮你一把。

同时，施予能够使人快乐，能让人变得心胸更加豁达，更富有同情心，乐于施予的人自带慈悲的气质，让人不自觉地想要靠近。即是我们常说的"予人玫瑰，手有余香"。

其次，学会感恩，懂得图报。

学会感恩的人，更容易感知快乐和幸福，因为能体会到更多的善意和好意。懂得图报的人，更容易获得幸福和快乐，因为能受到更多的善意和好意。爱是相互的，当你用爱去对待别人、对待世界的时候，你必将受到同样的回应。当你学会感恩、学会回报时，别人同样也会回报给你。你所给予的，终将回到你身上。

最后，不要忽视身边最重要的人的付出。

人普遍有个毛病，就是对越亲近的人、越重要的人的付出越容易忽视。亲近的人对我们好是因为对我们有着深厚的感情，并不是理所当然的。越亲近的人对我们的好越是真挚的、越是掏心掏肺的，也是越珍贵的、越值得回报的。所以，我们更不应该忽略他们的付出，更要懂得回报，不要让爱我们的人感到疲惫和受伤。

3. 能够被利用，说明你很有价值

说到被人利用时，我们就会感觉受到了伤害，在我们年轻而张扬的内心中，总是想追求个性自由，我们不喜欢更不愿意被人利用。可若是换个角度看，事情便有了不同的解读。不要怕被利用，被人利用说明你还有价值。

一户农户家有两头驴，一头健壮，一头瘦弱。主人常常让健壮的驴干更多的农活，而瘦弱的驴则比较清闲。健壮的驴不服气，就想要通过装病来逃脱农活。

每到天亮，它就装作病恹恹的卧在驴棚里不起身，主人看了十分心疼，果然就不让它再干农活，驴子心里很是开心。

刚开始健壮的驴过得很安逸，主人不仅请医生给它看病，还给它吃好饲料，并且不让它干活。它也决定就这样一直装下去。

一连十几天后，主人带它来到了屠宰场，看了看它说：可惜了，之前多健壮的一头驴啊，我本来准备留住你，把那头瘦驴卖了呢，现在我只能先留住它了。可惜了我的医药费和好草料了。多留你一天都是我的损失，活驴还能卖个好价钱，死了肉不好，就不好卖了。

无论是谁，无论什么身份，只要还能够被利用都应该为自己感到庆幸，因为能被利用说明我们还有价值。

比如说，职场中的员工。有的新人会常常抱怨，自己刚进公司被人使唤得团团转。但聪明的新人反而为此感到庆幸，因为这至少证明，自己在这个公司有被利用的价值，越有可被利用的价值，被辞退的风险就会越小。

相反，没有什么利用价值的员工，可能因为没用而安逸几天，但迟早会被辞退。没有一家公司愿意出钱雇佣一个对公司没有任何价值的人。

大学生黎明和陈辉，是同一天到公司实习的。

上班的第一天黎明就"明白了"这个道理：很多公司的老人会欺负新来的，什么事都让新人做，一般刚进公司的新人不懂情况就会非常辛苦。黎明决定，进公司的第一天就要学会拒绝，这样可以让老员工知道他不是随便可以使唤的，免得养成什么事都找他的习惯。

因此从第一天起，除了上级布置的简单的工作，黎明拒绝做其他事情，不是说手头上的事没做完，就是推说自己不会。

而陈辉，在做好自己分内的事情以外，总会尽可能的帮助上级和同事做些力所能及的事。

黎明觉得陈辉好傻，被利用的团团转都不知道，以后有他后悔的。

结果黎明连实习期都没过，就被劝辞了。原来公司并不缺实习生，几乎所有人都认为黎明不够优秀，要求赶快换掉他。

在这个社会中，人都免不了利用别人，和被别人利用。不会利用和不被利用的人，是不可能生存下去的。

这就好比去下一盘象棋。这个过程中，相比于炮和车，卒子总是最先牺牲的。因为对于棋子的主人来说，卒子的价值是最小的。炮和车可以用来攻城略地，而卒子不过是探路的小兵罢了。即使是牺牲了，也没什么可惜的。

虽然说谁都不想被当成一颗棋子被人利用，但是人生如棋，处在社会这个大棋盘之上，我们无法选择。唯一能够选择的便是，你是想要成为一颗有价值的炮和车，甚至是最厉害的帅，还是成为一颗可有可无的小卒子？

职场是公平又残酷的，你想要不被淘汰，那就要成为那颗最有利用价值的棋子，只有这样我们才能受到重视和保护，成为老板手中最锋利的那一把"刀"，跟着老板一起攻城略地，拿下江山。最终达到双赢的局面。

在你感受到被人利用心中不平衡时，下面的方法可以帮你解除一些苦恼。

首先，摆正心态，要明白你的价值就在于可以被利用。

如果你选择了一份事业是心甘情愿的，那你就要知道你之所以有资格参与其中，正是因为你有可以被利用的价值，一旦没有可以被利用的价值，你将很快被淘汰。

其次，问问自己，此时你是心甘情愿的被利用吗？

虽说可以被利用证明自己有价值，但也不是谁都可以成为那个利用我们的人。因此在我们被利用之前，一定要先问问自己，我们为此将要被利用的事，是不是我们所心甘情愿为此出力的事。如果不是，就拒绝被利用，如果是，我们就应该付出更大的努力，以便突出我们的重要性。

4. 让他人需要胜于感激你

相信大家周围没少发生过"鸟尽弓藏，兔死狗烹"和"事后诸葛亮"的事。事后的感激，随着价值的消失很快就会被人抛之脑后。因此让他人需要胜于感激，只有持续不断的需要才是最有价值的，也才是维系好一段关系的关键。

张峰在一家广告策划公司做平面设计，平时爱捣鼓电脑，因此对电脑还算熟悉。而他所在的公司没有专人来维护电脑，所以，每当同事电脑出现问题，大家都会找他修，他也从不推辞，每次都尽力而为，俨然成了公司的"电脑使用指南"。有时，老板家里的电脑出了问题，也会习惯性地打电话给他。

张峰因此获得了不错的人缘，后来因为女朋友的关系，决定去南京发展。他的老板就把张峰推荐给了他在南京开公司的一个朋友。张峰一到南京就找到了工作，而且待遇很不错。

如今张峰和原来的老板还一直保持着联系，他们已经成了朋友。

关系是靠维系出来的，需要持续不断的你来我往，而不是基于一件事的感激。因为有礼貌的需求心理，比世俗的感激之情更有价值。因为有所求，所以可以时时刻刻记着你。

卡耐基曾说："别指望别人感激你，因为忘记感谢乃是人的天性。如果你一直期望别人感恩，多半是自寻烦恼。"感激往往只是一时的，容易被人遗忘，就如同昙花一现。当感激被遗忘，人与人之间的关系就会变淡，真正实用的人脉是彼此需要。

如果你给予别人帮助是为了得到回报和感激，恐怕会让你失望，因为没有人喜欢被同情，别人也并不希望博得你的同情。只有无私的帮助，让别人感觉可以依靠，让别人觉得需要你离不开你，别人才会更加珍惜你更加珍惜你们之间的关系。

贝克森对下属是出了名的苛刻，大家私下里对他十分不满。

一次贝克森因为一个项目没有调查清楚，犯了严重错误被降了级，自从贝克森被降级后，他以前的下属变成了他现在的同事，许多人趁机对贝克森落井下石，并常常孤立他。

这些人中劳拉是个例外，只有他认为贝克森只是因为对工作太过认真，所以才让大家觉得他太苛刻了，因此对于贝克森曾经为难他的事他丝毫没有放在心上。贝克森被降级后，劳拉不仅没有疏远他，还开始主动与他聊天，并且与他一起解决工作上的问题。劳拉觉得这样可以安慰到处境不好的贝克森。

一次，劳拉听说贝克森需要搬家，便主动前去帮忙，劳拉的这些行为让贝克森觉得很温暖，渐渐地他也开始把劳拉当成自己的朋友。

贝克森并没有一蹶不振，他从这次失败中学到了许多经验并取得了进步，也开始改正了以前一些不好的习惯。一年以后，贝克森终于因为工作能力突出被调到了总公司，而且还升了职，贝克森到总公司任职不久，就将劳拉调去做了自己的助手。

　　生活中，这样的事情每天都在发生。当别人需要你时，给别人一些帮助，让别人的内心感觉你可以依靠。被朋友不断需要，被朋友不断依靠，不仅会收获成就感，更能变成朋友心中越来越重要的人。也只有如此，我们才能在茫茫人海里收获真正的友谊。

　　只有互相需要的关系，在"风浪"来临时，才能处变不惊。才可以在流言蜚语中岿然不动，经得起风雨的洗涤，经得起岁月的冲淡，经得起世事变迁。朋友心有所求，心有所需，才会心有所属，才会铭记于心。

　　那么我们如何成为一个被需要的人呢？

　　首先，当别人需要时，不要给予同情。

　　我们首先要分清同情和需要的区别，每个人想要的都是真心的帮助而不是同情，当有人需要你时，一定不要以同情的方式为别人提供帮助，而是仅仅提供需要。其次，主动为别人提供帮助。

　　主动帮助别人，不要等别人来求助。主动给别人提供帮助会让对方内心的负担减小，因此也更容易让人觉得你可以依靠。往往主动地帮助更显得真心。求助以后的相助，容易让人觉得可能并不是出于真心，别人也因此更有心理负担，不容易产生依赖的心理。

　　让他人需要胜于感激，我们在帮助他人时，不可抱着希望别人感激的心态，因为感激之情是短暂的。试着成为别人的需要才是最明智的做法。

5.学会分享，任何时候都不要"吃独食"

快乐与人分享就会变成两个人的快乐，忧愁与人分享就变成一半忧愁。不懂分享，容易变成孤家寡人。

就像商圈，很多人认为生意一家独大才是最赚钱的。其实并不是这样的，我们往往都是在竞争中赢得成功，并不是一枝独秀的。一家垄断并不等于财源广进，大家都能赚钱才有钱赚。排挤掉竞争对手，客观上等于减少了顾客的选择性，也就减少了赚钱的可能性。商场如战场，这就更需要分享了。如果你只想搞垄断非但成不了一枝独秀，反而很容易变成一座孤岛。

当一个商人只懂独享利润不懂分享利润时，他必然会招来其他商家的怨恨，这样很容易成为商场上的潜在危险，从而容易陷入冤冤相报的局面。

当所有的商人都愿意和别人分一杯羹时，他不仅能收获更多的生意，他所在的产业也会因为竞争和多样性而变得越来越繁荣，他自然也可以收获更多的利益，生意也会更持久。

　　李嘉诚常常教育自己的两个儿子，要学会让利，要学会考虑别人的利益，不要只想着独占好处，要学会把好处分享给合作伙伴。

　　李嘉诚的儿子李泽钜和李泽锴长到8、9岁时，李嘉诚就开始把两个儿子带到董事会上，让他们坐在旁边列席会议。

　　有一次李嘉诚主持的董事会上，讨论公司应拿多少股份的问题。李嘉诚说："我们公司拿百分之十的股份是公正的，拿百分之十一也可以，但是我主张只拿百分之九的股份。"

　　董事们意见不一，争论不休。这时李泽钜站在椅子上说："爸爸，我反对您的意见，我认为应拿百分之十一的股份，能多赚钱啊。"弟弟李泽锴也急忙说："对，只有傻瓜才拿百分之九的股份呢！"

　　董事们都被两个孩子逗得哈哈大笑，但李嘉诚却这样说："孩子，这经商之道学问深着呢，不是1+1那么简单，你想拿百分之十一发大财反而发不了，你只拿百分之九，财源才能滚滚而来。"

　　多分一杯羹给别人，别人也会更愿意和你谈生意，这样生意才会越做越好。分享是相互的，不愿意分享出去的人，自然也得不到别人的分享。什么都不想分享的就无法和别人产生交集，更无法产生利益关系，就不可能有合作有互利。好咖啡要和朋友一起品尝，好机会也要和搭档一起分享。

　　学会分享是我们毕生的课题，那么在学习分享的过程我们常常会遇到哪些问题呢？

首先，不够自信。

有些人明白分享的重要性，也有与人分享的初衷和意愿，但是却对自己所拥有的不自信，认为自己拥有的不够好，懂得不够多，怕分享出去遭人嫌弃。这种想法未免太过狭隘，每个人虽然所拥有的资源不同，但是愿意分享本身就是一种态度，更何况尺有所短寸有所长。如果还是不自信，让别人感受到你的态度也是很重要的，接不接受是别人的事，分不分享就是你的事了。

其次，害怕自己被超越。

这是针对能力而言的，很多人不愿意与人分享自己的某些能力与经验，害怕自己的看家本领被人学去，被人抢了饭碗。这是封闭的狭隘思想对我们的影响，现在这个信息飞速传播的社会，不仅知识更新快，更不缺乏创新。如果一味地独善其身，不愿与人分享资源，自己也得不到新的知识补充，很可能就会枯竭。

最后，觉得浪费时间和精力。

现在不是那个"秀才不出门，便知天下事"的时代了，你只有分享出去更多，才可能收获更多。尤其是现在的人前所未有的珍惜自己的资源和感情，如果你不愿意分享是不可能在别人那里获得资源和感情的。如果想和大家处得好并且成为朋友，就必须先把自己的感情分享出去。如果想分享别人的资源，就必得先把自己所拥有的分享出去。别让自己狭隘封闭的思想禁锢住自己，成为一个无知的孤家寡人。

6.好人缘不是伸手要来的，更不是乞求来的

常说的一句话：一个好汉三个帮，一个篱笆三个桩。无论你是上班还是创业，如果能够有人帮助你，你成功的速度就会比别人快一些。人们由此得出的结论便是：只要有了好的人缘，就能够成功。从此便汲汲营营的经营自己的人际网，只要碰见一个有实力的人，便上去攀交情，为了一个电话号码恨不得卑躬屈膝，丝毫不以为耻。

若是成功了，就会在心中感叹自己的人际网又多了一位贵人，自己离着成功又近了一步。然而你在心中沾沾自喜的时候，却不知道人家转过身投来的鄙夷眼光。

现在人们好像对于"人脉"这一词地理解有着深深的误解。何为人脉？用《辞典》里的说法就是：经由人际关系而形成的人际脉络。通俗地来讲，就是能够在你需要或者困难的时候伸出手帮你一把的人。

虽然说："一人成木，二人成林，三人成森林。"但是当你遇到困难的时候，你的手机中凭着一面之缘要来的电话号码的主人会伸出手帮助你吗？人家又不了解你，凭什么呢？

人脉的本质是资源互换，它是建立在人与人之间等价交换的基础上的。没有人会平白无故地帮你。

没有人需要一个只会索取的人在身边。一个人出于私人感情能帮你一次两次，但是长此以往，如果你没办法给他带来同

等的利益，那他只会将你从他的社交网上划去。

有人说，这样做是侮辱了友谊这种感情。但是你不妨换位思考一下，如果一个本身没什么能力，对你的发展也没什么益处，也没想着要回报你的人，总是想着让你去帮助他，你的心中愿意否？人家愿意帮助你，首先你自身得有值得人家帮助的实力。

当然，生活中确实有很多不求回报的帮助，那这个人肯定是你人生中的贵人，你更要学会感恩，铭记人家对你的帮助，一旦人家有什么困难，你就要竭尽全力地帮助他，不要做生活中忘恩负义的小人。

比尔·盖茨的成功，是全世界有目共睹的。追其成功的原因，便是在他20岁的时候，签下了一份大单。在比尔·盖茨的身上，充分体现出了人脉的重要性。

比尔·盖茨创立微软的时候，他还只是一个没有资源，没有人脉的无名小卒。幸好他的母亲是 IBM 董事会的董事，将他引荐给了 IBM 的董事长，然后签下了 IBM 的大单子。若是没有这份大单，恐怕他后来就不可能拥有几百亿的资产了。

当然，也是因为比尔·盖茨拥有真正让人欣赏的能力，能够独自开发出前无古人的 WINDOWS 系统。IBM 的董事长明白，和比尔·盖茨合作，给比尔·盖茨一个机会，他会给自己带来不可估量的利益。

人脉资源是一种潜在的无形资产，更是一种潜在的财富。人脉资源越丰富，赚钱的门路就越多。但是我们要记住，并不是你人脉多才能办事，而是办了多少事才会有多少人脉。每个人都想结识有能力的人才，你只有让自己更优秀，才能聚集更多的人脉。俗话说得好，"鲜花盛开的时候，就是吸引蝴蝶飞来的时候。"当你成功的时候，甚至不需要你刻意去维持你的人脉，别人自然会主动向你靠近。

7. 你自己要足够强大，才有价值

在生活中我们常常能够听到有人问：如何才能认识一些很牛的人物？其实这很简单，当你足够强大的时候，好人脉不请自来。换位思考一下，如果你处在一个高的位置，遇到一个普普通通的人想请你帮忙做一件事，而且就算是做成了这件事情，对你的发展也没有任何的帮助，你会愿意吗？我想答案是否定的。

人脉实际上就是一种"价值交换"，是建立在双方都有利用价值的基础上的。

在和别人交往的时候，所有人都会去考虑"和对方交往我能获得什么样的回报？"所以当你不够强大的时候，不要去抱怨自己没有好的人脉。

刘蓉刚做记者不久，就被派去采访一个很有名的企业家。

采访很顺利，结束后，企业家的秘书主动留下了刘蓉的电话，说以后有机会一起吃饭。

刘蓉十分高兴，回到单位便和同事们炫耀说市里最厉害的某某老板留了她的手机号，还说有机会一起吃饭。同事听了笑着骂她傻，说人家只不过是和她客气一下而已。

刘蓉在之后当然没有接到过对方的电话，而且后来有一次在别的采访地点遇到那个秘书，对方明显已经不记得她了。

如果你想要去认识一些"大人物"，拓宽自己的交际圈，那你至少得与对方处于差不多同一个级别才能够实现资源互助。或者说，你很有能力，让别人觉得认识你也会有收获。

就像是马云一样，在他还没有创办淘宝的时候，哪个"大人物"都不愿意搭理他。但是当淘宝成为全国第一电商，阿里巴巴成为世界著名的企业之后，不需他去主动结识别人，自然有"大人物"想要找他一起合作。

当你不够强大的时候，别人就会觉得和你的交往是一种浪费时间的行为。如果你想要建立自己的人脉圈子，比起在酒桌上名片乱飞，参加各种社交活动，应酬不断，拼命和别人拉关系的做法，你更应该做的是先让你自己变成一个有价值的人。

在你年轻的时候，先不要老是想着去接触一些更高层次的人物，首先你应该让自己变得有价值，有意义。比如说：比起你想要结识不同行业内厉害人物的做法，你更应该沉下来心来不断地自我学习和成长，提高自我能力，让自己的某项爱好或者技能成为自己独一无二的优势。

事实上，这就像是打怪升级一样。当你水平一般的时候，你面对的都是和你同一个水平的怪物，一旦你越级打怪，便会被 KO。等到你升级了，怪物自然也会升级。

同样的道理，当你变得优秀了，做出了一定的成绩后，你的名字自然会传到对方的耳朵里。别人会马上意识到和你交往合作会给他带来更大的利益，自然而然地便会主动来结识你，你的交际圈自然便会提到更高的层次上。

如果有一天，某个人经过长期的积累，真正成为某个领域的专家，他必会惊喜于真正意义上的、有价值的、所谓'高效'的人脉会破门而入。

在这个提升自己的过程中，如何做？

可以这样：专心做可以提升自己的事情，学习并拥有更多、更好的技能，成为一个值得他人交往的人。学会独善其身，以不给他人制造麻烦为美德，用自己的独立赢得尊重。

李帅刚去公司上班的时候，他的姨父便以一副"老江湖"的口吻告诉他一定要在公司里发展好人脉，才能将自己的事业做好。

正好李帅自己也一心想成为公司里年轻人中的拔尖人物，得到领导们的赏识。便开始想方设法地在公司里面累计人脉，他热衷于公司里面的联谊活动，抓住机会就加大神们的微信。

一段时间过去了，李帅发现他的交际圈子没有任何变化，那些大神也从来不会搭理他。

李帅很气馁，于是发短信去询问大学里很照顾他的老师。

老师告诉他先别忙着去搭关系搞人脉，年轻人应该先做好自我投资，提升自己的能力，到时候自然会遇到自己的"职场贵人"

李帅听了老师的话，从此以后不再热衷于各种联谊聚会，除了一些日常和同事联络感情的活动，其余时间都用来学习，进行自我提升。沉淀了两年之后，终于得到了领导的重用。

高质量的人际圈子里人们共同打造互利共赢，共同进步的局面。你想要参与其中，就先来提升自己的能力，让自己有资格与那些"牛人"站在同一水平线上。记住，有价值的人脉不是你拥有一个大人物的联系方式，而是大人物知道你的存在。当然我们更要注意的是，在与别人交往的时候，要注意投入真诚的感情，不要弄虚作假。

然后，当你变得足够优秀强大的时候，好的人脉便会不请自来。

第九章

面对矛盾冲突，
尝试理解对方的情绪

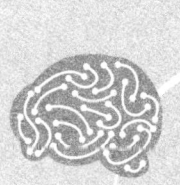
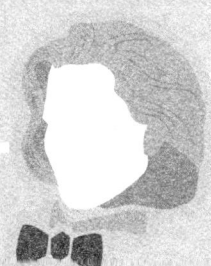

1. 抱怨别人不理解你，那你理解别人吗

理解是相互的，只有你能选择理解别人，别人才能选择理解你。当你因为别人的不解而感到抱怨和苦恼时，不妨先站在别人的立场上，试着理解一下别人，很多问题可能就不存在了。

曾经有人说："由于理解的存在，水与岸拉近了距离。"，无论在何时何地，任何人之间都需要理解。没有理解，人与人之间将会变得冷漠而无情。

我们常常讲"理解万岁"，其实是希望他人同情我们的呼唤。而真正的"理解万岁"的含义在于理解他人。

如果司机能理解路人，路人可以理解司机，那么我们的路上便会少了许多事故与纠纷；如果员工可以理解老板，老板可以理解员工，那么我们的工作将会更加高效；如果家长可以理解孩子，孩子可以理解家长，那么我们的亲子关系也不会那么紧张。朋友之间的相互理解，更是友谊持久坚固的重要条件。

吴茜和冯瑞合开了一家工作室。吴茜擅长设计，便专心留在工作室为顾客做设计。对外拉项目搞社交的事便交给了冯瑞。

刚开始顾客不多，两人配合得天衣无缝。后来工作室的生意越来越好，吴茜就越来越忙了。渐渐地，吴茜内心积累了许多怨气，她觉得自己经常起早贪黑忙得焦头烂额，冯瑞却总是对她的劳动成果指指点点，一点都不理解她。

吴茜觉得冯瑞只要每天打打电话和别人聊聊天就可以了，这让吴茜觉得很不公平，总想冲冯瑞发脾气。

有一天，吴茜按一个顾客的要求赶设计，冯瑞听着顾客的电话，对吴茜的设计指手画脚。吴茜一下子就爆发了。

她腾地一下站起来，怒视着冯瑞吼道："别站着说话不腰疼了，你来做呀！"

冯瑞愣了愣，放下电话红着眼睛进了洗手间。电话里传来一个男人的怒骂声："你们做的那是什么呀！到底能不能做！不能做拉倒，别浪费老子时间！小破公司！……"

威尔逊曾说："理解绝对是养育一切友情之果的土壤。"多给朋友一些理解，你可以收获更真挚友情，才可以得到更多来自朋友的理解和支持。多理解他人，不要一味地要求别人理解自己。

俗话说："若要人像我，除非两个我"，世界上根本没有完全相同的两个人。一千个人眼中有一千个哈姆雷特。每个人都有自己不同的境遇，不同的背景，不同的思想。每个人对待事情的反应都有所不同，我们不能指望每个人都来理解自己，而应试着理解别人内心的想法。就像有的人受了伤会哭，有的人会选择沉默，有的人则会装作若无其事。当我们不能理解别人的真实想法时，先不要急着怪别人不理解我们。

理解是解决问题的先导，设身处地地为他人着想，站在他人的角度上思考问题，才可以做到相互理解，寻求相互妥协的解决办法，问题便能迎刃而解。

理解需要公平的观念，人与人之间存在强弱与大小，这是正常的现象，也是我们应该公平看待的。要做到相互理解，就必须要抛弃不公平的观念，不能俯视他人，如强者俯视弱者，家长俯视孩子。只有做到平等，我们才能以更理性的思维去理解他人。

人与人之间的交流有时可以很简单，有时又变得很复杂。当你渴望别人理解时，别人可能也在渴望着你的理解。当我们能相互理解时，人与人之间的关系就会变得简单有温度。当我们都只顾自己的感受时，人与人之间的关系就会变得冷漠而又复杂。理解是连接心与心之间的桥梁，理解是真诚的、相互的。多一点理解，生活便多一点美好。

2. 口出恶言之前，想想自己被激怒会怎样

《五灯会元》上有这么一句话："利刀割肉疮犹合，恶语中伤恨不销。"意思是：身体上被刀割破，伤口早晚有一天都会

愈合。但是被恶语中伤带来的心灵上的伤痛，却让人难以忘记，时常怀恨在心。口出恶言，招人恨！

孙泉是一家饭店的服务生，平时经常被顾客说些难听的话，长期的忍耐让她的内心积压着很多怒火无处发泄。

她一有时间就会去别家饭店吃饭，顺便发发火气。看到哪个服务员不顺眼，就噎别人几句，莫名的因为一些小事冲别人发发火。

孙泉自己心里感觉平衡了，但那些无故被恶言相向的服务生都感觉很生气。

一次孙泉接待了一个女顾客王丽，王丽一眼便认出了孙泉。原来这位叫王丽的顾客是另一家餐馆的服务员，在餐馆上班时曾经遭到孙泉的恶言恶语，差点还因为她失去工作，王丽当时简直要被气炸了，因此印象非常深刻。

自从王丽坐下后，便不断地给孙泉找麻烦，有一点不满意就冲着孙泉吼几句，说话十分难听。

孙泉把水倒洒一点，王丽更是抓到了把柄好好发作了一番。一顿饭吃下来，孙泉憋了一肚子的火，回到宿舍大哭了一场。

你拿恶意对世界，世界也会回应给你同样的恶意。当你常常对别人恶语相向时，别人也不会温柔待你。世界是公平的，人与人之间也是公平的。

生活中，许多人喜欢为自己的恶意、没教养找借口，他们常以喜欢开玩笑、口无遮拦的名义出口伤人。自己没有教养，心怀恶意，伤害到了别人，不是一句开玩笑、口无遮拦就可以包装的。

当你向别人恶语相向时，你的心里就已经充满了恶，再多华丽的语言也遮不住你丑陋的心，也抚平不了别人内心因你的恶言恶语而受的伤害，也消除不了别人对你的恨意和厌恶。

莉莉和老公离婚了，离婚之后莉莉的情绪一度很压抑，常常晚上失眠。

一次闺蜜聚会上莉莉将这件事告诉了大家，看着莉莉如此憔悴，大家都安慰莉莉："现在离婚太正常了，没什么大不了的，离婚之后可以无所顾忌地去寻找真爱了，更好的人一定在等着你呢。"

听着大家的安慰，莉莉感觉心情轻松不少。结果好朋友李萍，却突然来了这么一句："都这么大年纪了，算是老女人了，又不值钱还能找到多好的。"此话一出现场一度很尴尬，莉莉的心情也一下子跌到谷底，感觉浑身冷冰冰的。

回到家，莉莉哭了一夜，李萍的话始终在她的耳边挥之不去。本来就失眠的她开始吃不下饭，憔悴的不成人样。那段时间她差点得了抑郁症，受尽了李萍那句话的折磨。

每次莉莉向别人讲起那段时光的时候，都会忍不住哽咽。想想都觉得后背发凉，虽然一切都恢复到了正常生活，但是李萍带给莉莉的伤害一直都在。

在恶语伤人之后，很多人都觉得自己是心直口快。也并不觉得自己会对别人造成多大的伤害，认为那些受伤的人都是玻璃心。其实这都是在为自己的任性和自私找借口。这个世界上不是所有人都有一颗强大的内心，可以忍受别人恶言恶语的伤害。仅仅是因为你的任性自私，你的没有教养和不怀好意，别人就要无端端承受心灵上的伤痛，你的恶言就像是一把刀一样插在别人的心上，却只是为了满足一次自己的口舌之快。

马克·吐温说："良好的教养在于隐藏我们对自己较佳的评价，以及隐藏我们对他人较差的评价。"

真正有教养的人，说话懂得考虑别人的感受，不会轻易伤害别人。如果你平时也是一个嘴下不留情的人，请思考一下下面这些问题。

首先，认真想一想，真诚坦率和口无遮拦是一码事吗？

真诚坦率招人喜欢，口无遮拦招人憎恨。真诚坦率的人说话做人坦荡荡，不背地里做苟且之事，喜欢打开天窗说亮话，不喜欢说话绕弯子。口无遮拦则是不分好歹什么话都说，不顾及他人的面子和别人的心理感受，常常恶言恶语，说话伤人也不管不顾。

其次，想想，逞一时口舌之快有什么好处？

出口伤人，对自己有什么好处呢？除了满足一下自己的口舌之快，最后却要招来别人持久的怨恨和憎恶，实在不值得。如果仅仅是为了引起别人的注意和重视那就更愚蠢了。

就像柏拉图所说："智者说话，是因为他们有话要说；愚者说话，则是因为他们想说。"我们不能做生活中的愚者，要做生活中的智者。要懂得说话的艺术，避免口出恶言。

3. 不满对方，尝试角色互换，体验彼此的不易

金无足赤，人无完人。当我们面对别人的不满时，我们也会感到苦恼不已。但还是有很多人喜欢抱怨，喜欢挑剔别人，全然不记得自己被别人挑剔时的感觉。

著名散文家梁遇春有一句话是这样说的："因为我们自己也有做各种错事的可能，所以更有原谅他人的必要。"

能够放下自己的不满体谅别人的不容易，学会站在别人的角度看问题，不是一种美德而是一种能力。

孙琳芃在一家医院实习，因为她的扎针技术不是很好，于是休息时她经常在自己的胳膊上练习扎针，她的整个左胳膊被扎得千疮百孔。

一次流感泛滥，小朋友彤彤得了流感到这家医院看病，医生告诉彤彤的爸爸需要给彤彤输液。由于医院里病人太多，孙琳芃被安排给彤彤扎针。

本来私下练习很久的孙琳芃，早就在扎针方面没有太大问题了。但是彤彤害怕扎针，又哭又闹十分不配合。

彤彤在家是个独苗宝贝，彤彤的爸爸一看孙琳芃年轻就威胁道："你可得好好扎，扎疼了我们家宝贝我跟你没完。"

孙琳芃心想："哪有扎针不疼的呢？"她越想越紧张，再加上彤彤一直不停地扭动身子，孙琳芃给彤彤扎完针后，彤彤手上便起了一个小鼓包。

彤彤爸爸看到女儿手上起了包，立马火冒三丈，一脚踢在了孙琳芃的胳膊上，孙琳芃脸色惨白地捂着胳膊坐在了地上。

当别人的行为没有达到你的期望值时，不代表别人没有努力。当自己的心血被别人随意践踏指责时，你又会是什么感觉？我们总是期望别人接纳我们，善待我们，体会我们的不易。却很少人会先考虑别人的不易。

几次同学聚会都有一个混得很成功的同学爽约，让大家很不满意。他每次都说自己太忙抽不开身，大家却觉得他是拿架子。直到有一次，被同学们说得不好意思的他匆匆赶来赴约，结果竟然在热闹的聚会上睡着了，原来他在来之前他已经好几天没怎么休息了。

大多数人的眼睛总是先看到自己的辛苦和付出，当别人想要抱怨时就觉得别人矫情，小题大做。

很多医院会接到患者的投诉，他们抱怨医生态度冷漠、对他们没有耐心。而每当此时医生就会觉得是患者吹毛求疵，不知道体会他们做医生的不容易。

记得一位美国医生写过这样一本书，这本书讲述了他从医生到患者的角色转变，以及其中的体会。这本书的名字叫《亲尝我自己的药方》。

作者爱德华·罗森帮是一名医生，他行医50年。在晚年时突然得知自己得了喉癌，他由医生一下子变成患者。曾经作为医生的他高高在上，行使着医生的权利，看惯了生死的他不能体会患者内心的恐惧和不安，他总是习惯于对患者发号施令。

　　成为癌症患者后，他渐渐体会到了患者的心情：他不敢面对疾病的真相，他讨厌被护士嘲笑"脖子短"，他不能忍受医护人员无视他的尊严，面对眼前一味追求利润最大化的商业医疗环境，他愤然……

　　这位年老的医生在体会到了角色转变之后的感受是：做医生时，他习惯做关乎患者生死的决定，习惯拥有权力；可当他是患者时，这些权力消失得无影无踪。尽管他也认识几个熟人医生，但也只能像所有患者一样，做一件事——等待，等待，再等待。他经常会碰上等待一个小时但看病只花 5 分钟的情形。

　　当他也从"高高在上"的医生变成无助的患者时，才终于意识到，医生对患者的一点点耐心和同情心，对患者来说是多么重要。他在《亲尝我自己的药方》一书的序言中说："如果我能从头重来的话，我会以完全不同的方式行医，很不幸的是，生命不给人这种重新来过的机会。我能做的，就是告诉你，在我身上发生了什么事，希望你我都能从中得到教训。

　　当下，无论是医患关系，还是教师与家长之间的关系，都表明现在这个社会的人们越来越重视自己的感受，而不愿意体谅他人。

　　生活中要考虑别人的难处和立场，真的是越来越难了，想要别人体会自己的不易同样也没有那么简单。

4. 不了解对方的真实处境，别急于指责

韩寒有这样一句话："如果你不了解，你就闭嘴，因为你永远不知道别人经历过什么；如果你了解，那你就更应该闭嘴。"

生活中，很多人喜欢站在自己以为的角度去指责别人，甚至谴责别人。自以为就是当事人就是主角，自以为认为的就是对的。自以为拥有判断一切的智慧，自以为比别人了不起，比别人有经验。可是如果你不曾经历过别人的经历，不曾感受过别人的酸甜苦辣，也不曾走过别人走过的路，又凭什么指责别人呢？

这个世界上所有的事情产生的结果，都有它的理由。生活在这个世界上的人都有自己的故事和经历，都有属于自己的喜怒哀乐。在分不清真实状况之前就迫不及待地指责他人，既愚蠢又没有教养。

一天晚上，王梦莹带了一盒饼干去学校自习室上自习。看了一个小时的书后她觉得自己有些饿了准备吃点饼干充饥，结果发现放在桌子上的饼干竟然被坐在旁边的女生打开了，她忍了忍心中的怒气，从饼干盒里拿了一块饼干吃起来。这时候旁边的女生看了她一眼，竟然也从里面拿了一块饼干吃。

王梦莹心想："算了，都是校友，吃一块就吃一块吧，没见过这么没素质的人，幸好自己好脾气。"

王梦莹又忍了忍。结果那人却蹬鼻子上脸，一块接一块，

而且毫不惭愧也没有一点谢意。王梦莹彻底怒了，她心想，人善就是被人欺，她忍得越久这人越是放肆，她不能再这么忍下去了。

王梦莹收拾好书本，猛地从座位上站起来，愤愤地一把抓起饼干盒头也不回地离开了自习室。回到寝室打开书包，王梦莹发现书包里躺着一包还未拆封的饼干。

不分青红皂白地指责他人，从不怀疑自己的判断，人总是以为自己比别人聪明。因为说出去的话不需要承担后果，即使伤害到别人，自己也不可能与别人感同身受。

这种随意指责他人的人无非是自我主义极强的人，认定自己是整个世界的主角。可是这个世界上每个人都只是自己的主角，既不可能完全体会他人的世界，也不能随便用言语评判他人。这是做人最基本的教养。

事实是什么，别人身上发生了什么，正在经历着什么，站在以自己为主角的立场可能并不能看到真相。

孙红妍和一个好久没见的朋友丽丝喝咖啡。约好了两点半在咖啡馆见面，结果时间过了好久丽丝却没有按时赴约。孙红妍一等再等，一直等到傍晚朋友丽丝都没有出现，期间连电话都没有打来，孙红妍打电话过去，丽丝竟然也不接，孙红妍生气极了。

本想着等丽丝给她道歉，结果晚上回去她也没等到朋友打电话来道歉，第二天也没有，第三天也没有。第四天，孙红妍觉得这个朋友太过分了，根本就是不在意她这个朋友，可能早就把她忘了，于是一气之下把她从通讯录里拉黑了。

两天以后，孙红妍和丽丝的共同好友打电话告诉孙红妍，丽丝出事了，昏迷了好几天刚刚醒过来。刚醒过来就给孙红妍打电话结果却打不通，特意让她们的共同好友跟她解释那天爽约的事，原来是丽丝为了来见她出门太急了被来往的车辆撞到了。孙红妍听了觉得既惭愧又尴尬。

当我们还没有获得完整的信息，就靠着自己的想象在心里任意揣测他人，又任意谴责他人时，误解就开始了。在不知道真相之前就随意谴责别人很容易冤枉他人，并且伤害我们与他人之间的感情。事情都是在发展变化之中的，如果我们在接受部分信息时就草率做出判断，拿我们的揣测对别人做出评判是不理智不公平的。

事情的整个过程完整的细节是怎样的，别人经历过什么，别人不说我们怎么会知道？即使别人说了又能代表全部吗？别人的情况我们并不能真正了解。

世界上没有完全的感同身受，听说一件事和亲身经历一件事完全是两码事。站在别人的角度去设身处地假设，无法完全体会别人的感受。与人随意议论本来就是一件极为不慎重的表现，更何况是对别人随意指责。因此，不要轻易地去指责他人。我们也没有足够的智慧，去对别人的生活做出理智的判断。也没有办法真正体谅别人的酸甜苦辣。每个人因立场不同，所处的环境不同，很难了解对方的感受。所以，不要一味随意去指责批评，避免给别人造成伤害。

当你想要去指责他人时，不妨先忍一忍，搞清楚状况再说。如果你觉得要指责的话已经到嘴边了怎么也憋不住，那就强制自己说些无关紧要的话，来缓冲一下自己要表达的欲望。如果觉得自己要爆发了，实在整个人都忍不住了，请等十分钟，问问自己是不是坏情绪在作怪，或是控制不住自己激动的情绪想要开口指责他人发泄不满。

这些方法都是为了让我们变得更理智，不那么令人讨厌。

5. 思维碰撞产生的矛盾，多一点包容心

问：什么水果是最好吃的？

甲说："苹果是水果中最好吃的，甜脆汁多，营养丰富。要不人人都说，每天一苹果，医生远离我呢。"

乙说："错，我觉得香蕉才是水果中最好吃的。香软可口，而且对便秘的人最有好处。"

丙拍案而起："谁说的，橙子才是水果中最好吃的。香味浓郁，而且富含维生素 C，可以帮助人美白。"

……

三人各执己见，每个人说的都很有道理，你来我往，吵闹不休。

生活中，当我们遇到思维不同的人的时候，对于一件事情的看法往往存在差异。若一件事情一定要得出一个结果的话，彼此的思维发生碰撞，便会产生冲突和矛盾。

每个人都是独立的个体，不论是亲戚、夫妻、朋友、同事……都会有自己的思维体系，对于是非对错便会产生不同的理解。就像是读书一样，一千个读者就有一千个哈姆雷特。如果非要去异求同，那世界岂不是变成非黑即白了，单调乏味的很。

思维碰撞产生矛盾并不可怕，重点在于我们怎样去处理这些矛盾。比如说：在工作中和同事因为思维不同产生了矛盾怎么办？

方恬最近觉得工作很不顺利。公司上个月刚分配下来一项新的任务，让她和另一个同事合作完成。

方恬认为应该先做出方案，然后再根据客户的要求进行小幅度调整。

而她的同事却认为应该先征求客户的要求，再写方案，这样简便快捷，后期不用做太多的调整。

方恬不同意同事的看法，认为这样做会导致客户怀疑公司的工作能力。

两人为了工作争吵不休，最后不欢而散。工作就僵持在这个地方，耽误了进度，最后导致方案失败，本来谈好的客户也和别的公司签了合同。

公司对于方恬和另一位同事提出了严厉的批评。对此，方恬和那位同事都觉得很委屈，自己的观点没有错啊，难道遇到事情坚持自己的观点不对吗？

在工作中坚持自己的观点并没有错，但是当你固执己见会对工作产生不好的影响，并且你的同事的意见能够让工作顺利进行下去的时候，不妨放弃你的意见，去包容理解同事的观点，等到工作顺利完成的时候，这就是你们两个人的功劳。

这种情况更多发生在夫妻之间。为什么有的夫妻相处起来恩爱无比，有的夫妻天天鸡飞狗跳，有时候甚至大打出手？

这便是因为思维不同造成的。对于日夜相处的两个人，若是思维不同，你认为对的，我觉得是错，你认为好的，我觉得是坏。由此便会不断地产生各种争吵摩擦。

赵莹莹结婚一年多，就感觉像是过完了一辈子一样，她现在是真的体会到了什么叫作度日如年了。

本来她和她的老公也是自由恋爱才结的婚，但是婚后的生活并不是她想象中的甜蜜，而是充满了争吵。

赵莹莹向来主张男女平等，认为女人也应该有自己的事业。但是她的老公却有些大男子主义，认为女人只要在家里相夫教子就可以，赚钱养家是男人的事情。因此结了婚之后，便要求赵莹莹当家庭主妇。赵莹莹不同意，两个人为此不知道争吵了多少回，战火更是蔓延到了饭菜口味不合、生活习惯不合、穿衣风格不合等诸多方面。

赵莹莹想要离婚，想到两人多年的感情有些不舍得。不离婚，鸡飞狗跳的婚姻又不是她想要的。为此，她陷入了左右不定的为难当中。

赵莹莹和她的老公，因为彼此的想法不同，让婚姻陷入不幸。夫妻是世界上除了父母子女之外最亲密的关系，而维持这种关系需要的是两个人互相理解包容。

就像是河流中被抛入一块大石头，而水流会很快适应包容石头一样。如果赵莹莹的老公能够理解和包容她，也不会在以后的生活中产生那么多的争吵，导致赵莹莹对这段婚姻产生了怀疑。

当然，赵莹莹也应该理解自己老公。在婚姻中，不断争吵只会消磨掉彼此的感情。但是这并不意味着妥协。社会倡导"男女平等"的思想，她应该在理解包容对方的同时去软化对方，然后改变对方。

在生活中，我们要学会换位思考，去做那可以包容万物的水，学会去包容理解与我们不同的思维。不要去做那棱角分明的石，那样在刺伤对方的同时，也会让自己受伤。

6. 面对别人的失意，切不可言己之得意事

"看，我多厉害"、"这件事也只有我才能做成功了"……在生活中，总会有一些人遇到自己得意的事情就喜欢在他人

的面前炫耀，好像这样别人就能够羡慕敬佩他一样。更有一些人，尤其喜欢在失意的人面前，炫耀自己得意的事情，希望能够让对方羡慕嫉妒自己，以期从对方的身上得到更高的成就感。

殊不知，这样的行为是多么无耻，只会招致别人的厌恶。在面对别人失意的时候，切不可言己之得意事。因为你的得意会更加衬托出别人的倒霉。而且在你炫耀的时候，不但得不到预期的效果，而且会让对方认为你是用你的得意来嘲笑他的无能，让对方产生屈辱甚至对你产生怨恨。

张爱玲一生中写过很多书，有一本书中的一个章节专门讲了她一生中交往的那些闺蜜。

在她晚年的时候最好的知己是邝文美，甚至连最后的遗产也交给了这位密友继承。而对于她少女时代最好的朋友炎樱，在晚年的时候却是很少提及。

为什么呢？张爱玲在书中说，当她刚到美国的时候，生活很是艰难，和两人在上海读书时比较，完全反转了过来。而此时的炎樱却是顺风顺水，爱情事业两得意。

在两人通信的时候，每次炎樱都在信中侃侃而谈自己过得多么风光、有多少男人爱着，让张爱玲的心中很是不适，便减少了与炎樱的交往。

友情是珍贵而美好的，但是一个得意的人对着一个失意的人过分炫耀，却是友情的大忌。有人说，我并不是炫耀，只是想要和朋友分享成功的喜悦。可是此时，你的朋友正处在失意的阶段，心中满是苦涩，你不但不安慰，反而还得意扬扬地在他的面前炫耀你的成功。虽然可能是无意识的，但是你的得意就像是一把盐一样反复地洒在他的伤口上，最终使你们两个渐行渐远。

人生不如意十之八九，每个人都会遇到郁闷和彷徨的时候，就算你也一样。我们不妨来换位思考一下，当你在失意的时候，你是否愿意听到别人在自己的面前谈他是多么成功呢？我想是不愿意的。将心比心，不论是对朋友、同事还是一个只见过几次面的人，都不要在对方的面前谈你的得意之事。

而且在失意之人面前谈论得意之事，还会对你的人际交往产生不好的影响。

当一个人失意的时候，他是脆弱敏感的。虽然此时他表现得郁郁寡欢、沉默寡言，似乎没有攻击性一样。但是当他看到你的得意之后，他就会快速产生一种不平衡的心理——凭什么你这么得意，而我却要接受失败？于是心中便会对你产生怨恨，找到机会便会对你进行反击。

也许此时他对你的怨恨不会立即显现出来，但是他会找到各种方式来宣泄对你的不满，比如在背后散布你的谣言，说你的坏话，故意与你为敌，甚至会借此来发泄他因为失败而产生的郁气。

领导找齐欢谈话表示要提拔他为部门经理。午饭的时候，齐欢忍不住内心的得意，将此事说给了一起吃饭的几个同事听。

同事们纷纷向他道喜，唯有同事小邹只顾埋头吃饭。齐欢没在意，继续眉飞色舞地叙说自己最近的工作成绩……直到小邹默不作声地离开，他才想起上周小邹因为弄丢一个大客户，被领导狠狠批评了一顿。

之后，公司里开始传播齐欢的谣言："什么要当经理就不把领导放在眼里啦，在同事面前摆谱啦，和哪个女同事搞暧昧啦……"提拔的事因此搁浅。听说，制造谣言的人就是小邹，齐欢后悔莫及。

在你没有失意的时候，你永远无法体会到那种得意之人在失意之人面前炫耀的痛苦。所以，不论是出于道义还是为了自己的人际交往考虑，千万不要在失意之人面前炫耀你的得意之事。

当你得意的时候，态度要更加谦卑，这样更有利于你的发展。如果在不知道的情况下炫耀了你的得意，要立即委婉的向对方道歉。毕竟你伤害了别人，即使是无意的。

我们要注意，就算一起的没有正失意的人，总也有境况不如你的人，你的得意还是有可能让他们反感。人总是有嫉妒心的，这一点你必须承认。所以，得意时态度更加谦卑，否则在不知不觉中你就失去了好人缘。

7. 事情搞砸了，你越辩解老板越生气

在职场上，做错了事你的第一反应是什么？

"这不是我的问题，如果不是某某不配合，事情也不会搞砸。"

"都是领导没讲清楚，我才会出错。"

"都是客户太难缠了，我才会丢了这个单子。"

……

当我们做错了事情的时候，好像总能够为自己找到无数辩解的理由，以期这样就能够逃避责任，证明问题不是出在自己的身上，自己也不会得到老板的批评。殊不知，正是这样的行为让你在职场上越来越不被老板重用。

换位思考一下，如果你作为老板，你的员工在工作上出现了错误，他的第一想法不是去补救，解决问题。而是想着无数的理由将责任从自己的身上推卸出去，你会不会生气，对于这样的员工你心中还会愿意重用吗？

马克和孙亮一起去给一个客户送仿古花瓶，没想到半路上车坏了。马克以孙亮长得比较强壮的理由让孙亮抱起了花瓶。等到了客户楼下的时候，马克又以孙亮累了一路的理由说自己来拿花瓶。

孙亮同意了，结果递过去的时候，马克没接住，花瓶掉到了地上。"砰"的一声，全碎了。

"你怎么回事？我还没接你就放手。"马克大喊。

"你明明伸出手了，我递给你，是你没接住。"孙亮反驳。

回到公司，两人受到了老板严厉的批评。马克趁着孙亮不注意，偷偷来到老板的办公室，对着老板说道："老板，这件事不是我的错，是孙亮不小心弄坏的，我明明还没伸出手，他就放开了花瓶。"

"我知道了。"老板说道。

"老板，是真的，我工作一向尽心尽力，从来不犯错的。"马克着急地向老板解释。

后来老板又将孙亮叫了进来，询问事情的经过。孙亮将事情讲清楚，承认是他的失职，愿意承担责任。

事情的处理结果出来了，让人大跌眼镜。孙亮不但没有被处罚，反而还升职为客户部经理，可以用自己赚的钱来偿还客户。而马克，却被老板解聘了。

老板解释说："花瓶的主人已经将事情的经过全部告诉我了。马克，我们公司不需要一个连责任都不敢承担的员工，所以只能请你走人了。"

在职场上，犯了错，能够勇于认错，承担责任是最好的处理方式。事实上，在工作上犯错找借口辩解，本就是一种推卸责任的行为。在老板的眼中，你就是一个不负责任，不堪大任，遇到事情只会自己躲开的人。

社会学家戴维斯说过："放弃了自己对社会的责任，就意味着放弃了自身在这个社会中更好的生存机会。"

事实上，你做错事情，出现问题或者对公司造成的损失并不是你搜肠刮肚巧言辩解之后就会不存在，无论你怎么装作不知情去故意隐瞒你的过失，最终都会被人拆穿，落得一个更加尴尬的情境。还不如去勇于承认错误。

我们总是认为承认错误是一件很没面子的事情，并且会损害到我们的利益。恰恰相反，金无足赤，人无完人。世界上并不存在一个完美的人，无论你是成人还是小孩，是伟人还是平凡人，是大老板还是小职员，都会犯错。犯了错并不可怕，可怕的是你明明知道有错却拒绝去认错。圣人言：知错能改，善莫大焉。重要的便是你这种敢于认错的态度，和面对问题积极解决的做法。

我们要明白，承认自己的错误并不可耻。小过失无伤大雅，如果你能够勇于承认，这是展现你为人风度的表现。而大过错即使你找理由也于事无补，勇于承认反而能够表现出你的处世态度。

不论是谁都不会喜欢一个死不认错，拒不悔改的品行有损之徒。王守仁曾说："不贵于无过，而贵于改过。"勇于承认错误，是我们必备的处事原则。它表明虽然你现在对待事情有些考虑不周，但是你正在积极寻求解决问题的办法，这是一种敢于承担责任的行为。员工具有这样的品质，才会得到老板的重用。

8. 吵架：对方正在气头上，别试图讲道理

前段时间，网上突然火起来了一个段子。

女生给男生发消息说："我刚才吃药的时候看到一条新闻。"

男："什么新闻？"

女发脾气："委屈，你根本不爱我，你怎么不问问我为什么吃药？"

一场情侣间的大战爆发，激烈地争吵之后男生不认为自己有什么错，摆出架势开始给女生讲道理："你根本就是无理取闹，怎么能用这种事去衡量两个人之间的感情……"

女生听完之后，心中更加委屈，她的男朋友看到她哭成这个样子了，还有心情在那里讲道理，根本是不爱她，遂分手。

在一些人看起来，这简直有些不可思议。男生明明什么都没有做，错并不在男生的身上，女生根本就是无理取闹。对此，只能说你们太不了解女人了。

还记得听过一句话是："女人是水做的，男人是泥做的。"究其根本，是女人和男人本质上的不同。女人本就是感性的动物，认为感情大于一切。更何况在吵架的时候，她更想要的是对方温柔的安慰和拥抱，而不是喋喋不休的大道理。

王琦在逛街的时候，看上了一个漂亮的皮包，缠着老公给她买做生日礼物。结果她老公说家里已经有很多包了，不需要

再买浪费钱。看着店员异样的眼神，王琦觉得很难堪，气冲冲地走出了包包店。

回到家里，老公见她还在生气，就和她讲道理："包只要能装东西就可以了，买那么多不能吃不能喝的，纯属浪费钱。咱们家现在上有老下有小，不省着点花钱怎么养家？你以为我每天辛辛苦苦地工作赚点钱容易吗？"说到最后竟然开始怪起了王琦不会过日子。

王琦看着老公越说越起劲，心中又委屈又生气，忍不住和老公大吵了一架。

很多人都觉得女人是一种无理取闹的，很难理解的生物。有什么事情不能好好说，有什么道理不能好好讲，一件小事非得弄得鸡飞狗跳，大家都下不来台呢？

然而，很多人都忽视了一个讲道理的前提。很多男人往往喜欢在吵架的时候和女人讲道理，但是正在气头上的人，谁还有心情去听你那些空头大道理？更何况女人是比男人更感性的生物，如果换成是你，你会不爆发吗？

事实上，论起讲道理，没有人能够比得上女人，但那是对着朋友，而不是爱人时的态度。在冷静的时候，女人也会反思自己，考虑自己在其中的问题，根本不需要你去灌输大道理。而且，情侣之间谈情说爱，难道是靠着讲道理来维系的吗？

当我和你吵架的时候，我想要的是你放下身段，对我温柔以待。你却撸起袖子，搬来板凳，摆起架势，准备给我好好上一堂名为"通情达理"的课。这就像是在火上浇了一把油，在你讲道理的途中，你的理智只会让女人感觉你不爱她，她会没有安全感。本来不大的事情，也会造成无法挽回的局面。

韩寒曾经说过："听过很多道理，依然过不好这一生。慢慢地你就会发现，大家都挺反感那些总爱给你讲道理的人，尤其是在恋爱中，听了那些道理，我可能就没有那么爱你了！"

的确如此。"吵架的时候，不要和对方讲道理"这个道理并不仅仅试用在情侣之间，同样适用于不同的人际关系，像是父母、朋友、同事等之间，适用的场合除了家庭，更有职场、日常社交中。

我们不妨来换位思考一下，如果你和一个亲近认识的人吵架的时候，情绪本就非常激动，对方不但不适可而止，反而顺势和你说起了大道理，说你如何不懂事，你会心甘情愿地被他的大道理说服，还是会因为他的话怒火更加炽烈？

在职场上，当你和同事吵架的时候，试图和对方讲道理，无异于是一种愚蠢的行为。

靳朋在学校的时候，口才就是出了名的好，用他的话来说，他最喜欢做的事情就是以理服人。等到毕业，进了公司之后，靳朋更是将他这一特质发挥到了极致，抓住机会就要将自己的口才表现一番，对此他很是得意。

有一次，同事将工作计划给靳朋。靳朋发现有些问题，想着自己表现的机会又来了。于是叫住了同事，指着错误的那一处说道："哎呀，这个地方不对啊。"

同事一看，确实有些问题，但是当着这么多人的面儿，也不能承认自己工作上有错误，多没面子。就僵着脸说道："没错，就是这样的。"一边说着一边朝靳朋打眼色。

靳朋正愁公司里很少有机会展现自己的口才呢，好不容易抓到机会岂能放弃。

"错了，我记得当时公司规定这里……"

听着靳朋的话，同事的脸越来越红，心中也酝酿着怒气，心想：这个靳朋是不是故意让我在这么多人面前丢脸的。

于是两个人就吵了起来。

"我说，有错能改，善莫大焉。你这里就是错了，怎么能不承认？"靳朋梗着脖子开始给同事讲道理。

同事忍无可忍，开始和靳朋大打出手，狠狠地将靳朋打了一顿。

不管什么时候，与别人产生了分歧，都不要在当时就急着和对方讲道理，试图说服对方。等到双方都冷静之后，再解释就会容易得多。

9. 分手了，就不要说"从没爱过"的狠话

爱情，如果没有了可以期待的未来，我们就会用"不在乎天长地久，只在乎曾经拥有过"，来安慰自己。所以，如果分

手的时候,听到对方说"我从没有爱过你",该是多么伤心,绝望。

于智亮和孙梦经历了五年的爱情长跑,到了要谈婚论嫁的地步,结果因为双方家庭的原因,婚期出现了变故。

面临分手,两个人分外痛苦,开始隔三差五地吵架。终于在有一天,于智亮冲动之下对孙梦说:"你给我滚,我再也不想见到你了,我也从来没有爱过你。"这句话让孙梦当场哭了出来,伤心地跑了。

之后一连好几个月,两人再也没有联系过。当横在两人之间的问题解决了,于智亮在思念之情的驱使下,开始疯狂寻找孙梦。可惜,当他再次联系上孙梦时,对方却冷冷地回复他:"我们结束了,当日那句话伤我伤得太狠,我感觉自己五年来的付出和爱全都成了笑话,你走吧。"

后悔不已的于智亮使尽浑身解数,也无法改变孙梦的决定,最后他只好黯然离开。这个时候,他才体会到自己当日那句话,是何等地绝情,以及错得离谱。

爱越深,分手时的恨越深。当理智不在,各种绝情伤人的话脱口而出。你看着对方因为你的狠话伤心难过,心中有了一时的痛快。当你独自一人的时候,这些狠话无法给你带来任何安慰,面对着空荡荡的房间,只会潸然泪下。

当我们学会了换位思考,分手的时候便能够去体谅对方的痛苦,也让我们明白分手时再说狠话,是最损人不利己的行为。就像有句话说的"感情的世界没有谁对谁错,不要谩骂,不要责怪。"

有人说，"分手之后，还可以做朋友。"这句话，证明了根本就没有那么爱对方。但是如果命中注定要分手，你咬牙切齿地说着那些可笑的狠话有什么用？分手或许没有错，但是需要讲究一定的方式方法。

曾经两个相爱的人，一方提出分手时，另一方感到痛苦是自然现象。分手时，两人的关系还亲密如初那是不现实的，但起码不要伤了彼此的和气，这是分手的最高境界。不管有多痛，毕竟曾经深爱过，请多给彼此一点祝福。

咖啡厅里，一对男女已经在那里相对而坐了一下午。从两个人脸上严肃的表情能够看得出来，他们并不是在说一件让人高兴的事情。

果然，过了一会儿，也许女人不想再继续浪费时间了，平静地说道："我们已经分手了，我不知道你今天约我出来还有什么意义？"

也许是女人提的分手，所以才会不耐。

男人真诚地说道："就算分手了，我也还爱你，这是我给你买的生日礼物，想了想还是应该将它送到原本的主人手里。希望以后你的男朋友能够珍惜你，真心对你好。祝你能够一直幸福。"

没有歇斯底里，最后也是男人目送着女人的背影离开，这是他多年以来一直保持的习惯。

蔡康永说过："因为爱，所以愿意学会换位思考，学会营造快乐，学会理解和体谅对方。"即使分手，也会学着在自己和远离的二人世界中寻求一个平衡的支点。

既如此，又何必费心劳神，说一些狠话来伤害对方，又伤害自己呢？爱，本来是一件快乐的事，现在却被弄成最伤心的事，这是对我们自己的最大讽刺，一个高情商的人是不会如此做的。一段感情走到尽头，我们不必要将它转化成无尽的恨来折磨彼此，尽量保持我们应有的风雅和气度，让这段美好能够留在彼此的心间，这才是最好的选择。

那么，通常情况下我们应该怎么做，才能让我们的"分手"尽可能地美好、和谐、平和呢？

首先，请不要说"我从来没有真正爱过你"。

这句话的杀伤力是有目共睹的，任谁被曾经心爱的恋人这样说，心里也不会好过。当你冲动的时候，不妨先平复一下心情。就算你内心真的不爱，也没必要让对方知道，以免让自己和对方更难堪。

其次，请不要总说"你对不起我"。

这句话明显是将自己摆在了"受害人"的位置，爱情中，本就没有谁对不起谁这一说。而且说得多了，也会极其对方的逆反和厌烦心理。有的人分手时，总是念叨"我爱你爱得那么深，你竟然抛弃我，你是个负心人，你好绝情"。这样的说辞，一次两次可能会让人心生同情，时间一长，不但自己得不到解脱，旁人也会付之一笑。

最后，请不要说"你让我觉得特别恶心"。

　　分手时能够说出这句话的人，其本身的人品也让人怀疑。都说物以类聚，人以群分，如果觉得自己的恋人很恶心，那么抱歉，与他相爱的你也是同类人。

　　真正情商高的人都知道，分手的时候侮辱对方是一件很愚蠢的事情，感情不是用来伤害对方的刀，我们在捅对方心窝子的时候，其实我们自己的内心也不见得有多好受，伤人伤己。

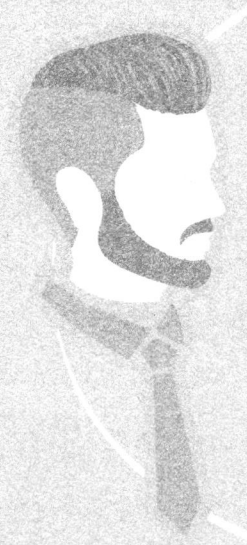

第十章

放下偏执，
训练换位思考的能力

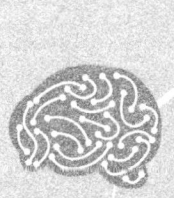

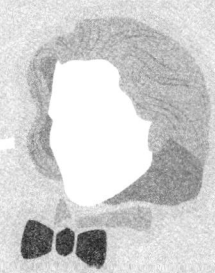

1. 放下手机，关注你身边的人

"你只喜欢玩手机，打游戏，你根本不爱我！"

有一天，忽然发现生活中这样的抱怨多了起来。你抱怨女朋友不关心自己，却没发现你总是盯着手机吝啬施舍她一个眼神；你总是抱怨父母唠叨，却不知道他们只是害怕你沉迷手机伤害身体；你抱怨朋友聚会没意思，却没发现你正忙着刷微信、刷抖音，根本没有仔细听朋友在说什么……不知道什么时候起，我们都成为了"低头一族"，仿佛与世界隔绝了一般。

你盯着手机，人家根本插不进你的世界，你又怎么能够抱怨人家不够关心你呢？不妨来换位思考一下，如果在朋友聚会的时候，你兴致盎然地说着生活中发生的趣事，结果你的朋友都在专心致志地玩着自己的手机，根本不在乎你说的是什么，你的心中是否会高兴？

张宁打电话和父母说，五一放假要回老家。老两口听了高兴地不行，并且打算等张宁回来就和他提一提终身大事的问题，毕竟张宁也老大不小了。

五一到了，张宁拿着大包小包千里奔走，终于回到了家中，受到了父母的热烈欢迎。张母更是张罗了一桌子张宁爱吃的饭菜。

美美地吃完一顿饭之后，张宁便坐到沙发上去玩手机了。张母将饭桌收拾好，老两口便坐到张宁的身边，想要和张宁聊聊最近的生活怎么样。

还没等说几句，便被张宁不耐烦地打断了，"爸妈，有什么事不能过会儿再说，没看到我正在和朋友一起打游戏嘛。"看着儿子不耐烦的样子，老两口将要说出的话吞了回去，想着反正儿子还要在家好几天，总会找到机会的。

但是没想到，这几天，张宁根本抱着手机不不放，就算是聊天，也是有一句每一句地应付着。等到假期一过，张宁匆匆忙忙地走了，老两口想聊的话题根本没有机会聊。

记得有人说过："我害怕有一天，科技会取代人与人之间的交流，我们的社会将充斥着一群白痴。"如此发人深省的话，难道还不能让我们警醒！

我们是手机的主人，它是让我们生活方便的工具，而不是来左右我们生活的切割我们感情的刽子手。

我们要明白，沟通在人与人的交往中至关重要。如果你只想着玩手机，怎么会有精力去听你身边的人在说什么？若是连最基本的沟通都没有了，你又怎能去了解一个人呢？人们常说："世界上最遥远的距离，不是生与死的距离，而是我在你面前，你却在玩手机。"

当你学会了换位思考之后，你就会发现沉迷于手机是一件很愚蠢的事情。因为在你沉迷于网络的时候，虽然你得到了一时的快感，却没有发现，你失去了更重要的东西。你在玩手机的时候，你的父母、爱人、朋友孩子也许正在渴望你放下手机，用心陪伴他们。

我们不要再去抱怨没有人理解我们了，不妨放下手机，去关心一下身边的人。有人说，语言是一种神奇的力量，它能够帮助你到达别人的心灵深处。当你放下手机的时候，你便能够分出精力去认真倾听身边人说的话。有人说，眼睛是心灵的窗户。当你将眼睛从手机上移开，投注到身边的人的时候，你就会发现他们是多么关心你。

明天就是周末了，高姗姗心中没有一丝喜悦。反正周末也是两人对着刷手机，根本没什么交流，太没意思了。然而刚回到家，她男朋友就告诉她这个周末不宅在家里玩手机了，带着她去自驾游。

高姗姗难以置信地看着她男朋友。她男朋友捧着她的脸说道："我们还这么年轻，怎么能将宝贵的时间浪费在手机上，趁着年轻就要多出去看看，给咱们的生活一制造些美好的回忆。再说你才是我最爱的，手机怎么比得上。"高姗姗听着甜言蜜语有些脸红，但还是兴奋地点了点头。

在路上高姗姗叽叽喳喳地说个不停，在夜晚的星空下两人彼此拥着浪漫地欣赏夜景，尽情地玩了两天，两人的感情又回到了刚谈恋爱的甜蜜。从这儿以后，两人再也不将时间浪费在手机上，有时候出去游玩，有时候回家陪老人，有时候花费很长的时间做一顿美味的大餐，感情日益渐进。

生活，是需要我们用心灵去体悟的，感情更是要用心去维持的。沟通，靠的更不是工具，只有用心，才能拉近彼此的距离。不妨让我们放下手机，用心灵去发现生活中更美好更值得我们关注的事情。

2. 同情他人，这是换位思考的关键一步

"嗨，真可怜！"

当我们看到一件比较让人同情的事情的时候，脑海中自动便会浮现出这句话，然后便会幻想着如果自己遇到这样的事情，是多么悲惨。于是开始理解别人，进而想要帮助别人。

所以，如果你想学会换位思考，首先你对别人或是要抱有同情心，或是要抱有同理心。当你拥有同情心的时候，你才会想着剔除自己的想法，感受，完全客观地去理解，认知，并且体会别人过去与现在，想法和经历。

当你学会了换位思考的时候，你便会与人产生更多的共鸣，能够帮助你更好地站在对方的立场思考问题。同样，在此之下你因关心对方做出的行为也能够更加符合对方的心意。从而让你的人缘变得更好。

刘杉的性子向来唯我独尊，从来都不会为别人考虑一下。有一次，有一个刘杉的快递因为下大雨，快递员晚来了半个小时。刘杉不顾对方身上已经湿透，对着快递员就骂了起来。旁边的同事劝了也不管用，后来更是投诉了快递员。同事们对于刘杉的做法有些不解。

后来，公司里的一位同事工作上出了一些问题，被领导批评了。刘杉丝毫没有同情心，对着同事嘲笑了一番。同事恼羞成怒，和刘杉大吵了一架。

因为刘杉从来不会换位思考，替别人考虑，公司的同事都不愿意和他交往，慢慢地他就成为了公司里的"独行侠"。

如果你想要有个好人缘，就应该提高自己换位思考的能力。如果你有了换位思考的能力，当你面对上面案例中的快递员，或者刘杉同事这种事情的时候，你的同情心便会让你与他们共情，你就能够理解他们此时心中的不安与失落，便不会对着他们口出恶语。

换位思考对于我们的人际交往至关重要。而想要提高自己换位思考的能力，首先你应该具有同情心。同情心可以帮你更好地和需要帮助的人共情。

而共情可以帮助你按照你所关心的人希望的那样对待他们，让他们切实地感受到你的关心。还能够帮助你更好地了解周围人的需要，同时也能够帮助你更好地理解别人对你的言语和行为的看法。

当你身处职场的时候，共情还能够更好地帮助你理解客户的工作需求，少一些人际冲突，更好地完成业绩任务。

事实上，研究发现，人们是极其认可共情这种情感的。古往今来，人们都是更喜欢富有同情心的人。富有同情心，便能够换位思考，设身处地同情、体谅他人的处境，人们相信这样的人才能够在危难的时候和他们同舟共济。

摄影师尼卢佛·德米尔拍摄过的一张"土耳其海岸三岁溺亡的男孩"的照片，每一个看到它的人都潸然泪下。并不是因为它看起来有多美，而是因为照片中的男孩太过可怜，让人不禁同情。照片中的男孩是为了逃脱战火不幸溺亡在地中海，然后身体被海水带到了土耳其的海岸。

当我们看到这张照片的那一瞬间便勾起了我们的同情心，我们不仅换位思考一下，如果是我们是这个小男孩或者身处战火之中，这是一件多么可怕的事情。正因为如此，我们对战争才会如此厌恶，才会呼吁停止战争。

同情心不仅仅是这些作用，它还能够帮助你恰当地去激励周围的意志消沉的人，帮助别人更容易接受你的观点，帮助你更容易地站在别人的立场看事情。

黄丽坚持离了婚，周围的朋友都在嘲笑她，说她傻，以后可怎么生活。只有贝云同情黄丽，尽自己所能地去帮助她。她想如果自己是黄丽，现在需要的不是浮于表面的关心，而是一个可以依靠的肩膀。

贝云让黄丽住进了自己的家中，并没有一味地去照顾黄丽，而是以不会做饭的理由她买菜，黄丽做饭两个人一起吃。

这样黄丽既不会尴尬，也能够有事情做打发时间。闲着没事，两人便相伴出去散步，或者逛街。

有了贝云的陪伴，黄丽慢慢走出了离婚的阴影，自己也出去找了份工作能够养活自己。她说，非常感谢贝云在关键的时刻帮了自己一把。自此，两个人也变成了无话不谈的好朋友。

同情，是一种良好的心态。但是我们要明白，这并不意味着你要盲目地去为别人做很多事情。即使我们要学会换位思考，做事也要有度。过多的同情心不仅会让你变成一个"滥好人"，也会让接受你帮助的人压力倍增。在换位思考的同时更应该训练自己的判断力，用理性和智慧来指引自己的行为。

3.学会倾听，并且不要急于发表自己的看法

有人将认真倾听别人说话当做是一种美德。确实如此，没有一个人喜欢自己说的话被无视。更何况，如果你不认真听别人说话，又怎能够去真正地明白别人话中的意思？

也许有人说，现在是一个信息大爆炸的时代，各种信息声音从四面八方扑面而来，我们怎么会有耐心坐在这里听你说一些和我们无关的话。但是当你换位思考一下，如果你正在认认真真地敞开心扉，思考着逻辑拿捏着分寸，跟他说正经事。但

是他却充耳不闻，用"啊，哦，是吗？"打发你，你的心中会高兴吗？

丽莎昨晚和老公吵架了。她和朋友抱怨说道："我和他说周日十一点，我们朋友结婚，在 XX 酒店。他正在看手机嗯了一声。我又问他，我们是开车还是打车去？他竟然茫地抬起头问我，干啥去？"

"最让我生气的还不是这个，我将朋友结婚的事情说了一遍，他那边又看上了手机。我问他去了要喝点酒，要不还是打车去吧。你知道他说什么吗？"丽莎接着说道。

朋友摇了摇头。

"他又问我，去哪儿？我提高了嗓音，将结婚的事情又说了一遍，他才哦了一声。你说气人不气人。"

朋友有同感地点了点头说道："确实，这种不认真听别人说话的，实在是太不尊重别人了，让人讨厌。"

我们要注意，当有人和我们说话的时候，我们要专注的倾听。这并不仅仅是一种礼貌，是对说话之人的一种尊重，更是快速帮助你了解他人的一种途径。一个人说话的方式，语气和用词都能在很大程度上透露出这个人的性格是怎样的。这决定了你要用那种风格去和说话之人相处。

不可否认，一场双方都投注精力的谈话是有趣的。但是，如果你在别人说话时心不在焉，让别人空耗唇舌，别人不但会在心中对你的行为有意见，而且会觉得和你说话是一件浪费精力的事情。久而久之，别人便会失去和你说话的兴趣。

当然，也有可能是别人找你说话的时候，你正在忙，分不出精力去应付他。但这并不能成为你忽视别人的理由。如果你不确定什么时候有空，你可以和别人说："我实在抽不出时间听你说话，等事情忙完我们一起去喝个下午茶。"这样，既不会冷落别人，也会让别人感觉到你对他的重视。

还有一种情况。对话，聊天，都是基于两个或两个以上的人才能形成。当大家一起谈论一个热门话题的时候，往往会你说一句我说一句，每个人都有自己不同的观点，这便会形成一个嘈杂的局面。

我们都是普通人，人类的共性便是更加关注自身的东西，而轻视他人的事情。因此我们很喜欢表达，急于让对方听到自己的声音，却丝毫不管对方是否有意愿了解你的一切

卡耐基曾说过："不要忘记与你谈话的人，对他自己，他的需要、他的问题，比对你和你的问题要感兴趣 100 倍。"

在和人说话的时候，不要在对方还没有说完之前，你就形成自己的意见，然后急切地打断。如果你碰到这种情况，不妨先平静下来。将想要说话的欲望先压下去，强迫自己去倾听，不要让自己成为这场谈话中唯一的声音。久而久之，你就会发现，这样做不仅能够让你的人缘变好，而且还可以帮助你学习到很多东西。

朋友向周媛哭诉她的伤心事，只是周媛有些自以为是，好似全天下就她一个明白人，别人部是傻瓜。还没等朋友倾诉完，周媛便插话给出一堆建议。

朋友听得一愣一愣的，良久无奈摇头对周媛说："你说的这些大道理谁不会说？只要事不关已，我也能说一套一套的，难的是做。你以为我是跑过来找你要答案的？我只是要一个听我说话的人而已！"

周媛顿时不好意思地红了脸

很多时候，朋友来找我们倾诉苦闷，并不是真的想要我们给出什么建议，只是想有个人听他说话罢了。这个时候我们要做的就是给对方一点耐心，倾听对方的心声

为什么心理医生在医治病人的时候首当其冲的就是倾听。因为一个好的倾听者，可以将说话之人内心淤积的"情感垃圾"一点点清理出来。在遇到需要你帮助的人的时候，你只有倾听，才能够明白他真正需要的是什么，也才能做好换位思考，给予他最需要的帮助

4. 与人相处多问"你觉得如何"

那天，坐在咖啡馆享受闲适的下午时光，偶然间看到了这样一幕。

一个人坐在那里说："我觉得你应该这样做，不应该那样做。我认为如果你这样做了，对你非常好……"

另一个人喝着咖啡，沉默以对。

这场谈话，成为了一个人的"独角戏"

这样的事情，大概我们都遇到过。事实上，在生活中当我们遇到压力或者伤心困惑的事情的时候，就会想要和朋友倾诉，或者有些事情需要和别人一起商量，征询别人的意见。反之亦然。

不论是有关于生活还是工作的事情，当我们向别人倾诉的时候，如果在这个过程中，倾听的那一方不顾我们的意愿，只是一味地在那里说"我觉得这件事情应该如何"，将自己的观点强加给我们，他的心中认为我们必须要听他的话。如此行为，肯定会让我们的心中对此产生排斥。这个时候不管对方的话多么有道理，对我们多么有好处，我们也不会认同。我们唯有沉默以对，这场谈话便失去了它本来的意义

吴青在同事和朋友中有个绰号叫作"独裁者"，对于一件事情，他不喜欢让别人说话，而且总是把自己的观点强加给别人。

有一次，吴青的同事因为工作失误丢失了一个大订单，被领导狠狠地批评了一顿。同事郁闷便找吴青一起喝酒。席间，同事向吴青抱怨工作上的事情，还没等说完，就被吴青打断了。

吴青说道："我觉得这件事情就是你的错，本来就是你工作的失误。我认为，你只是在这里抱怨，对你没有任何帮助。你以后做事还是要细心，这样才不会出错……"

一番话说下来，同事的心情更郁闷了。不想再听吴青说这些大道理，找个借口先走了。

事实上，"我觉得如何"，"我认为应该"……这样的话，听起来好像全世界只有你说的话最有道理一样，总会给人一种咄咄逼人的感觉。这样说话，不但会给寻求帮助的人不适的感觉，而且很容易就将天聊死。

在我们的生活中，聊天随处可见。但是如果你认为一次有意义的聊天很简单的话，那就大错特错了。如何与人进行一次愉快的对话，是在与人相处中很重要的一课

我们要注意，在聊天中，并不是你怎么想就怎么说。可能你一股脑儿说出来的话并不是对方想要听到的。我们在聊天的时候，应该有目的地改进要说的话，不仅让它变得有趣，而且要从对方的立场出发，注意说话的语气，使对方能够更容易接受。

比如说：你在聊天的时候很喜欢说"我觉得""我认为"……这一类的词语，这样会给对方一种你是从自身出发来考虑他的问题，你给出的建议也许适用于你，但是并不适用于他。因此对于你说的话，他也不会往心里去。

从换位思考的角度来说，你说的话根本没有站在他的立场考虑过，而且存在将自己的观点强加给对方的嫌疑。对方心中一旦对你的话产生抵触，不管你再怎么高谈阔论都没有用。

所以，当我们与别人聊天的时候，不妨将"我觉得"这样肯定的，自我主观意识比较强的词语换成"你觉得如何"。在

说出你自己的观点的后面，加上这样一句话，证明你也想要得到对方意见，给予对方充分的尊重。有时候，甚至会给谈话带来意想不到的效果。

地震后，有一位快70岁的老人家一夕之间失去了18位亲人，她很痛苦，不愿意和任何人讲话。直到一位社工接到任务去陪护这位老人，事情出现了转机。

社工在她身边坐下开始聊天，不知道说了什么。半天不说话的老人开始越说越激动，越说越兴奋，状态也越来越好了，和社工聊了很久，才依依不舍地和社工告别。

等到社工走了之后，大家问老人，为什么愿意开口说话了？

老人说："也没说什么，只是他老喜欢问我一句话，你是怎么做到的？你觉得这样如何？你认为这件事情怎么样？你这个想法是怎么来的？"

众人听了很惊讶，不明白怎么这样简单的几乎话，就能起到如此神奇的效果。

所以，当你想要帮助别人的时候，一定要学会换位思考，将自己代入他的位置，就能够设身处地地为他考虑，提出有针对性的，对他有帮助的建议。而在这个过程中，我们要注意尽量在聊天的过程中少出现"我"这个字眼。

虽然听起来很容易，但真正做起来，你就会发现很难。所以，当你正在和你的朋友聊天，每当要说话的时候，先停顿一下，在脑中过一遍。改掉"我觉得"，"我认为"这样的词语，多说"你觉得",不断将话题丢给对方，让对方能够畅所欲言，以此促成一场真正愉快的谈话。

5. 完全从反对者的角度看整件事情

当你满怀期待地将自己辛苦好几天做出来的方案交给领导，希望能够得到领导的认同，结果很快就被打了回来；当你遇到了困难向人求助，却被拒绝了；当你想出了一个好玩的点子，想要找朋友一起实现，朋友提出了反对意见……

遇到这样的事情，你的心情肯定不会高兴。便会在心中抱怨："老板根本不重用我"、"他怎么能够不帮我"、"他根本不拿我当朋友"……好像生活中，所有人都在和你作对，你没有朋友，只剩下了"敌人"，人际关系充满了紧张，整个人生都失去了意义。

你偏执地认为，不论做什么事情，自己都是对的，如果有人反对你肯定是出于对你的嫉妒或者不理解。因此，你不愿意听取任何人的意见，一意孤行，最后走向了失败。

韩宇发现最近自己的工作出现了瓶颈，而且和同事们的相处有些紧张。上个星期他们在办公室闲聊的时候，说起现在哪个明星最火。韩宇就说当然是 XXX 了，不但人长得漂亮，身材还好，演技也一级棒。

这时候，有别的同事提出了反对意见，认为 XXX 就是一个花瓶，根本比不上某某。

韩宇听了立马不愿意了，认为这位同事是故意和他唱反调，站起来和这位同事据理力争。后来有别的同事也说 XXX 不好，韩宇脾气上来，和那几位同事大吵了一架

从那以后，同事们都不太爱搭理韩宇了因为韩宇不会处理同事间的关系，领导也不太重用他了

生活中，每个人都是独立的个体，你想要所有的事情都顺心如意那是不现实的，世界总是在变，而我们的身边也总会出现不同的声音。对于那些反对的意见或者声音，你持一个认真的态度，这对于你的生活没有任何的益处。

如果你总是偏执地认为自己是对的，我们不妨从换位思考的角度来看待这个问题。你将自己代入到对方的角色，站在对方的角度，以对方的思维再来看一下这个问题，你就会发现当时对方反对你或许有他们的道理。

当你站在他们的角度思考问题的时候，就会发现，你的领导之所以不采纳你的工作方案，是因为你的方案虽然写得很好，但是有些地方和公司要求并不相符；你求助的人之所以不帮助你，是因为你自己完全有能力战胜这个困难；你的朋友之所以不赞同你的点子，是因为这个点子虽然精彩但是可能会让你受伤……

不同的角度看待问题，很多时候会得出与之前相反的结

论。在很多时候，偏执很容易将一件事情搞砸，而换位思考显而易见是治疗偏执的一味良药。

事实上，有时候别人对你的反对并不是一件坏事，一个睿智的人，则会放下偏执，从反对者的意见当中发现对自己有利的思想并且能够及时发现自身的缺点，积极去改正，这样做非常有利于提高自身的能力。

周岩总是认为自己无论做什么都是正确的，于是不顾家人的反对，将二十万借给了朋友。结果，他却不小心把借据给弄丢了。周岩非常懊悔，并且发誓，以后一定要多听取别人的意见，再也不独断专行了。只是现在发誓也已经于事无补了。

有一天，周岩的好友来他家里，看他无精打采便问发生了什么事情。周岩便将事情的经过告诉了好友。幸好他的好友很擅长换位思考，于是对他说："你可以再向那个人要一个借钱的证据。"

周岩惊讶地说："这怎么可能？"

好友回道："你可以写一封信，让他尽早还你四十万。他必定给你回信说只欠你二十万，而且还有一年才到期限，这样你不是又有了证据吗？"

周岩按照好友的方法去做，果然顺利地拿到了新的借据。自从摆脱了困境之后，周岩反思发现以往总是认为自己是正确的，老是去反对别人的行为给自己的生活造成了很多不必要的困难，便下定决心要改正它。

事实上，每个人的心中都认为自己是正确的，对此形成偏执的人，甚至会无视事实，只为了反对而反对，又不容许别人质疑自己，将反对者的意见全部排斥。到最后，发现自己成为了生活中的"孤家寡人"。

我们应该放下偏执，训练自己换位思考的能力，能够站在对方的立场考虑问题。当你能够听取别人意见的时候，你就会发现很多自己平时疏忽的东西。这个时候我们要保持谦虚和尊重的态度，认真听取别人的反对意见，从中思考辨析其意见是否会有助于我们自己的发展。

6. 试试接受内心相反的观点

有人佩服第一个吃螃蟹的人，心想，这么张牙舞爪可怕的生物，我是不敢吃的；有人羡慕马云、雷军、马化腾等创业成功的大佬，但是想到他们为此付出的辛苦立马摆手表示"我不行"。但是，有什么事情会是一帆风顺的呢？如果你不经历磨难，又怎会成功？

常常听到有人说，"这件事我肯定不行"，还没有行动，先在心中为自己判了"死刑"。在做一件事情的时候，心中更是有多重顾虑：这件事我做了，别人会不会笑话我？我选择了就一定可以成功吗？

但是，你没有做的时候，谁也不可能给你肯定的答案。你心中想：做了不知道会不会成功，不做反正也不会改变现状。所以，你退却了。于是，在别人勇往直前的时候，你还是在原地踏步。

有一家穷人，省吃俭用了好几年，终于攒够了出去旅游的下等舱船票的钱，他们打算趁此出去谋求发财的机会。

为了节省开支，妻子在上船之前准备了许多干粮。即便孩子想吃船上的美食，夫妻两个也无动于衷。

不幸的是，距离旅途结束还有两天的时候，他们已经把干粮吃光了。无奈之下，父亲只好去求服务员赏给他们一些剩饭。服务员吃惊地问："为什么你们不到餐厅去用餐呢？"

父亲回答说："我们根本没有钱。"

"可是只要是船上的客人都可以免费享用餐厅的所有食物呀！"听了服务员的回答，父亲懊悔不已，如果他们上船的时候鼓起勇气问一问服务员，就不至于一路上都啃干粮了。

对于未知的前路，我们总是会在心中将恐惧无限放大，然后在心中畏惧选择。但是我们不妨来换位思考一下，那些名人为什么能够创业成功？就是因为他们在面临第一个选择的时候敢于去尝试。当迈出了最困难的第一步的时候，不论后面再遇到多大的困难，他们都不再害怕。

因为他们发现，事情其实并没有他们当初想象的那样困难，既然最困难的第一步他们都能够迈出，那后面遇到的困难他们照样能够解决。正是因为怀有这样的态度，他们才能够在创业的路上无所畏惧，最终取得了成功。

当你在做一件事情的时候，心中往往会出现两个声音：一个是鼓励你不断前进的，一个是在你耳边不断说前路多么可怕，让你满足于现有生活的。

于常人而言，相比充满荆棘的前路，我们更喜欢安于现状。因此，我们更多的是选择安逸，忽视那个鼓励我们不断前进的声音，直至它彻底从我们的心中消失。

很多人常常抱怨上天不给予自己机会。可是我们要明白，不管是哪一条通往成功的路上都不可能是布满鲜花的平坦大道，途中可能会遇到危险，可能会很辛苦，也可能就此失败，并不一定会成功。但是如果你连尝试都不愿意的话，那你永远都不会成功。

当我们面对选择的时候，不要再犹豫不决，害怕遭遇失败。不妨去接受心中另一个相反的观点，勇于尝试，想做就去做。你只有做了，才能够懂得成功对你真正意味着什么。

事实上，上天给予每个人的机会都是平等的，成功的关键就在于你敢不敢迈出尝试的第一步。机会稍纵即逝，如果因为我们害怕而自行放弃了，那这些机会就很难再拥有了，这也是我们总是无法取得成功的原因。

世上无难事，只怕有心人。只要我们积极地尝试与努力，我们就可能获得成功。不要让那些"不敢相信，不可能，想不到"去困扰我们的思维，束缚我们的手脚。勇于去接受内心与懦弱相反的想法，大胆地迈出第一步，你就能取得成功。

7. 认真听取别人对自己的看法

　　和别人聊天的时候，如果对方无意中聊到了各自的缺点，我们往往还没说两句话就板起了脸。

　　生活中这种现象很是常见，很多人只喜欢听好话，对于别人提出的建议却嗤之以鼻。偏听则暗，不听别人对你真正的看法，又如何去提高自己换位思考的能力呢？

　　很多时候，也许别人会对你说一些像是"你不应该这样做"或者是"你的脾气太暴躁了，应该改一改"等这样的话，虽然听起来不好听，但是如果你换位思考去看，就能发现对方正是出于对你的关心，想要你变得更好，才会冒着让你不开心的危险去规劝你。

　　尹峰年过四十五之后，身体快速发福起来，总是腰酸背疼。他的太太告诉他，"过度肥胖对身体负担太重，不如和我一起做瑜伽，既能缓解后背的疼痛，又能够减肥。"尹峰对此嗤之以鼻，依然我行我素

　　尹峰投资了股票，朋友劝尹峰说现在股市很危险，像尹峰这个年纪就应该多了解些金融保险的知识，否则以后无法应对股市的动荡。尹峰觉得这个朋友是危言耸听，和朋友大吵了一架。

　　后来，股市崩盘，尹峰所有的资金都被套牢了。情急之下，后背一直积累的病痛彻底爆发，需要他卧床休养好几年。

　　一个人若是不愿意听取别人的意见，代表着在他的心中总是认为自己才是正确的，而这样的想法，很容易让人盲目自大。

　　人在很多时候，是一种感性动物。当生活环境不变的时候，我们的思维常常会被固化，天真地以为自己真的完美无缺了。这个时候，听到别人的意见，如果你会换位思考，站在别人的立场上看待自己，你就会发现自己确实存在缺点和不足。

　　你的心中便会想着："如何才能改变别人对自己不好的看法？"绞尽脑汁地去改变，提高自己。在这个过程中，你会学到很多知识，离成功也越来越近。等到你成功之后，你可能就会拍着自己的胸脯感叹，幸好当初学会了换位思考，才会认真去听取别人的意见，要不然哪来今天的成功呢？

　　乔治·伊士曼创建了柯达公司。1889 年的一天，伊士曼收到了一个工人写给他的建议书。尽管这份建议书内容不多，字迹也不够优美，但是却让他眼前一亮。工人在建议书上写的内容是："建议生产部门将玻璃擦干净。"

　　在别人看来，这真的是一件小得不能再小的事情了，但是伊士曼却看出了其中的意义——这正是员工积极性的表现。

　　伊士曼决定接受这位员工的建议，并且立即召开了表彰大会，给这名工人发了丰厚的奖金。自此，"柯达建议制度"应运而生。而对于员工提出的建议，伊士曼在思考之后，如果是对公司发展有利的，都会及时采纳。

　　有人问：我们不是常常说要相信自己吗？可是既然相信自

己又要听取别人的意见，这不是自相矛盾吗？其实不然，我们所说的"相信自己"，指的是不管做什么事情都要对自己有信心。而"听取别人的意见"，则是让自己及时改正缺点，增长见识，在人生的路上少走弯路。

当然，听取别人的意见并不是让你一味地盲从，对所有意见都不加选择，人云亦云。我们在听取别人建议的时候，要特别注意下面三个方面：

首先，当有人对你提出看法时，要想明白这些看法是否是真的适用于你，如果你采纳，对你的影响是否是积极的？

其次，你要明白对方提出的看法是基于他自己的经验，还是结合了你目前身上真正存在的问题，他是否了解你？提出的看法是否有可取的价值？

最后，如果对方提出的看法是对你的全盘否定，有着核心的冲突，那不听也罢。

总之，你想要锻炼换位思考的能力，不妨先从认真听取别人对你的看法做起吧。在这当中充分认识自己，去伪存真，去粗取精，吸收对自己有利的部分。对于"敌人"对你的评价，也不要一味地否定，有时候最了解你的人，恰恰就是你的对手。学会辨别，完善自己，然后去战胜他。

8. 加强沟通，帮助你了解对方

著名的帕金森定律对于沟通是这样定义的："因为未能沟通而造成的真空，将很快充满谣言、误解、废话与毒药。"

生活中的很多伤心、难堪、挫折、不幸、失败……都与缺乏沟通或者沟通不成功有着千丝万缕的关系。在我们的心中，总是认为自己是对的，对于别人常常抱有一种否定的心态。如果不沟通，我们将对别人的想法一无所知，这时候如果我们想做到换位思考无疑是很难的。因为别人的经历，我们并没有经历过。

有人说沟通是联络感情的纽带，是通向友谊的桥梁，是事业成功的基础，的确如此。当我们愿意放下内心的怀疑与否定去沟通的时候，了解他们真正的想法，背后的原因，就会让我们在看待问题的态度上更为冷静和理智，才能做到真正的换位思考，让你真正了解对方。

李圆是一名行政部文员，日常工作就是负责打字，很少会出现错误。

有一次，主管着急让李圆打一份公司与客户的合同，由于她的身体有些不舒服，合同上出现两个错别字，客户发现后提醒公司要求改正。

主管知道了觉得非常没有面子，对着李圆便劈头盖脸地批评了一顿。

"小李，这么重要的文件都打错字，你眼睛长到哪里去啦，一点责任心都没有！简直是没救了！"

李圆心中很委屈，自己都带病工作了，结果还被骂了。

李圆生气地说："我的眼睛就是这么不好，要是你觉得不合格，你把我炒了算了。"

主管本来是想提醒小李以后一定要注意，结果看到小李这个态度，顿时火了，二人的关系从此变得很僵硬。

苏轼在《题西林壁》中写道："横看成岭侧成峰，远近高低各不同。"从不同的角度去看庐山，庐山就会呈现不同的样子。这句诗也适用于生活，同一句话、同一件事，不同的人有不同甚至相反的理解或态度，这是因为人们观察事物的立足点、立场不同，就会得到不一样的结论。

在上面的案例中，主管和李圆因为缺乏沟通，主管不知道李圆身体不舒服，李圆不明白主管的本意是为了她好，才会造成误会，导致了两人的关系变僵。

在职场上，沟通尤为重要。没有沟通，就没有合作。没有合作，就没有团队，更没有团队的凝聚力和向心力，就不会有发展，没有发展，就没有市场，没有市场，就不会成功。

事实上，我们仔细观察就能发现：一个优秀的人，往往拥有很强的沟通能力，这样他才能站在对方的角度思考对方真正需要什么。

一个不懂得换位思考的人，不管是做学问，还是与人交往，都会视野受限，思维固化，通常都不太可能取得大的成就。所以，你想要做到有效沟通，就一定要利用换位思考的心理、把握分寸。

在这个过程中，我们还要注意下面几个要点：

首先，要学会倾听。真正听明白对方想要表达的意思是沟通的前提，在沟通的过程中，发出认同对方的"嗯……"、"是……"之类的声音，表示自己是真的在听。不打断对方的话，等到他停止发言时，再发表自己的意见。

其次，沟通中不要指出对方的错误，即使对方是错误的。我们沟通的目的不是去不断证明别人的错处，这样只会让沟通难以进行下去。不妨让对方以另一种角度来衡量事情，然后由他自己决定什么是好什么是坏。

再次，学会委婉表达不同意见。即使你不赞同对方的想法，也不要说"可是，但是……"，因为这两个词语会中断沟通的桥梁。用"很赞同……同时……"的模式，比如说："我很感激你的意见，我觉得这样非常好；同时，我有另一种看法，来互相研究一下，到底什么方法对彼此都好……。"

最后，要妥善运用沟通三大要素。经过行为科学家六十年的研究，面对面沟通时，三大要素影响力的比率是文字7%，声音38%，肢体语言55%。在沟通的时候要让你的声音和肢体语言和你所说所想的保持一致，否则，对方将尤法接收到正确信息。